U0724853

南京稀见文献丛刊

六朝故城图考

（清）史学海 撰

点校 张学锋

南京出版传媒集团
南京出版社

图书在版编目（CIP）数据

六朝故城图考 /（清）史学海撰 . -- 南京：南京出
版社，2022.4

（南京稀见文献丛刊）

ISBN 978-7-5533-3641-1

Ⅰ . ①六… Ⅱ . ①史… Ⅲ . ①南京—地方史—古代

Ⅳ . ① K295.31

中国版本图书馆 CIP 数据核字（2022）第 046165 号

丛 书 名：南京稀见文献丛刊
书　　名：六朝故城图考
作　　者：（清）史学海
出版发行：南京出版传媒集团
　　　　　南 京 出 版 社
　　社址：南京市太平门街 53 号邮编：210016
　　网址：http://www.njcbs.cn 电子信箱：njcbs1988@163.com
　　联系电话：025-83283893、83283864（营销）　025-83112257（编务）

出 版 人：项晓宁
出 品 人：卢海鸣
责任编辑：杨传兵
装帧设计：王　俊
责任印制：杨福彬

排　　版：南京新华丰制版有限公司
印　　刷：南京工大印务有限公司
开　　本：890 毫米 ×1240 毫米　　1/32
印　　张：4.25
字　　数：82 千
版　　次：2022 年 4 月第 1 版
印　　次：2022 年 6 月第 2 次印刷
书　　号：ISBN 978-7-5533-3641-1
定　　价：30.00 元

用微信或京东
APP扫码购书

用淘宝APP
扫码购书

学术顾问

茅家琦　蒋赞初　梁白泉

编委会

主　　任　姜巧玲　项晓宁

副 主 任　卢海鸣　柳云飞

委　　员　（以姓氏笔画为序）

汤林平　李　玉　邹劲风　张学锋

郑国军　俞泽玮　姚卫国　徐智明

曹建国　樊立文

丛书主编　卢海鸣

副 主 编　樊立文　徐智明

特约编辑　王晓慧　张贵云　章庆根　石高兵

统　　筹　杨传兵　李唐海

总　序

　　南京是我国著名的七大古都之一，又是国务院首批公布的24座历史文化名城之一。有将近2500年的建城史，约450年的建都史，号称"六朝古都""十朝都会"。南京的地方文献是中华历史文化资源的一个重要组成部分，是研究我国政治、经济、军事、文化和民风民俗的重要资料。为了贯彻落实党的十九大精神和习近平新时代中国特色社会主义思想，配合南京的经济发展与城市建设，深度挖掘历史文化资源，做好历史文献整理出版工作，不仅有利于传承、弘扬南京历史文化，提升南京品位，扩大南京影响力，也有利于推动物质文明、政治文明、精神文明、社会文明、生态文明协调发展。

　　长期以来，南京地方文献还没有系统地整理出版过，大量的南京珍贵文献散落在全国各地的图书馆和民间。许多珍贵的南京文献被束之高阁，无人问津，有的随着岁月的流逝而湮没无闻。广大读者想要查找阅读这些散见的地方文献，费时费力，十分不便。为开发和利用好这一祖先留给我们的文化瑰宝，充分发挥其资治、存史、教化、育人功能，南京出版传媒集团(南京出版社)与南京市地方志编纂委员会办公室组织了一批专家和相关人员，致力于搜集整理出版南京历史上稀有的、珍贵的经典文献，并把"南京稀见文献丛刊"精心打造成古都南京的文化品牌和特色名片。为此，我们在内容定位上是全方位、多视角地展示南京文化的深层内涵和丰富魅力；在读者定位上是广大知识分子、各级党政干部以及具有中等以上文化程度的人；在价值定位上，丛书兼顾学术研究、知识普及这两者的价值。这套丛书的版本力求是国内最早最好的版本，点校者力求是南京地方文化方面的专家学者，在装帧设计印刷上也力求高质量。

总之，我们力图通过这套丛书的出版，扩大稀见文献的流传范围，让更多的读者能够阅读到这些文献；增加稀见文献的存世数量，保存稀见文献；提升稀见文献的地位，突显稀见文献所具有的正史史料所没有的价值。

"南京稀见文献丛刊"编委会

导　读

　　《六朝故城图考》六卷,清史学海撰。

　　史学海,字若川,清江苏溧阳人。生平不甚详,仅《溧阳县续志·选举志》载其为例贡监。《续志》始修于光绪六、七年间(1880—1881),是嘉庆十八年(1813)《溧阳县志》的续编,据此,可以推断史氏约生活在清朝后期。据史全生著《史贻直评传》(南京大学出版社,2012年)介绍,史贻直(1682—1763)玄孙辈中有史致炜(1814—1868),原名学晃,字慕韩。史学海生活的时代与其相近,或与之为同辈昆仲。

　　清人梁章钜在《楹联丛话》中称:"科第世家,以江南为盛。我朝溧阳史氏、昆山徐氏两家祠堂长联,熟在人口,不但今世所稀,盖自古亦尠遇矣。"梁氏称赏的祠堂长联,首推科第世家溧阳史氏。据夏庄史氏宗谱约略统计,溧阳史氏明清两代出文武秀才约300人,近400名各类监生、贡生,33名文武举人,多名乡试副榜,17名进士,县令以上官员130人,入《清史稿》及《清史列传》者3人,是明清两代江南地区著名的科第与官宦世家。身为例贡监的史学海应为其家族中之一员。孙殿起编《贩书偶记》著录有:"《汉书校正》二十四卷,溧阳史学海撰,底稿本,卷六—十三、卷二十二—二十四佚。"可知史学海尚撰有《汉书校正》二十四卷。此书后收入徐蜀编《二十四史订补》(书目文献出版社,1996年)。

史学海撰《六朝故城图考》,详细考证了南宋马光祖修、周应合纂《景定建康志》及元张铉修纂《至正金陵新志》、明陈沂撰《金陵古今图考》中有关六朝故都建康城的记载,征引六朝正史及唐人许嵩《建康实录》、李吉甫《元和郡县图志》和南宋张敦颐《六朝事迹编类》等历史文献,对前述诸志所附六朝都城图中的讹误逐一订正,在详考六朝历代都城城郭、城门资料的基础上,重新绘制了《六朝建康图》。全书共六卷,卷一故城图,卷二都城、都城门,卷三台城、台城门,卷四台城内第二重宫墙、宫墙门,卷五台城内第三重宫墙、宫墙门,卷六东宫城。其中,卷一考订前述三志所附六朝都城图;卷二至卷六,在简要转引《建康实录》《景定建康志》《至正金陵新志》的相关叙述之下,网罗都城、台城(宫城)、东宫城及各城城门的历史记载,按时代顺序逐一展开分析。此书旁征博引,传世文献的搜集几无遗漏,考证严密,持论平实,达到了传统史学时代六朝建康都城资料整合及研究的高峰,对当今建康都城的历史学、考古学研究大有裨益。

该书今仅见翁长森抄本,藏南京图书馆。此本为蓝格抄本,版心下题"金陵丛书翁氏藏本",卷首有翁长森题跋,并钤有"铱杲手校""江宁翁长森铱梅甫珍藏金石书画典籍之印""金陵文献"等印。此本乃清代藏书家翁长森为编辑《金陵丛书》于光绪十年(1884)所抄底本。翁氏曾多方收集六朝以来的稀见文献百数十部,辑成《金陵丛书》,以期流传。但翁氏晚年衰病,难竟事功,遂将辑本转与乡人蒋国榜。1914—1916年间,蒋氏将《金陵丛书》甲、乙、丙、丁集铅印出版,然《六朝故城图考》未入选。后虽有《江苏通志稿·经籍志》、民国《首都志·艺文》的著录,但终未流传,鲜为人知。

南京出版社所集《金陵全书》,将该书影印收录于乙编史料类(南京出版社,2010年),这次整理即以此为底本,校记称"翁氏抄本"。因无他本对校,故整理工作止于参校相关文献,订正抄本中明显的讹误。用于参校的文献如下:

晋·陈寿撰:《三国志》,中华书局,1959年。

唐·房玄龄等撰:《晋书》,中华书局,1974年。

南朝梁·沈约撰:《宋书》,中华书局,1974年。

南朝梁·萧子显撰:《南齐书》,中华书局,1972年。

唐·姚思廉撰:《梁书》,中华书局,1973年。

唐·姚思廉撰:《陈书》,中华书局,1972年。

唐·魏徵等撰:《隋书》,中华书局,1973年。

唐·李延寿撰:《南史》,中华书局,1975年。

南朝梁·萧统编:《文选》,上海古籍出版社,2019年。

唐·许嵩撰,张忱石点校:《建康实录》,中华书局,1986年。

唐·许嵩撰,张学锋、陆帅整理:《建康实录》,南京出版社，2020年。

唐·李吉甫撰，贺次君点校：《元和郡县图志》，中华书局，1983年。

宋·李昉等撰：《太平御览》，中华书局，1960年。

宋·乐史撰，王文楚等点校：《太平寰宇记》，中华书局，2007年。

宋·周应合纂，王志高等点校：《景定建康志》，南京出版社，2009年。

元·张铉纂，田崇点校：《至正金陵新志》，南京出版社，1991年。

明·陈沂撰：《金陵古今图考》，南京出版社，2006年。

原书无目录，为便于检阅，今新编目录附于卷首。为保持清人著述特征，书中避讳字出校不改字。

张学锋

史若川先生六朝故城圖考六卷
原本假自馮夢華
光緒甲申孟冬抄畢記

《六朝故城图考》翁长森抄本卷首题跋

六朝故城圖考卷一

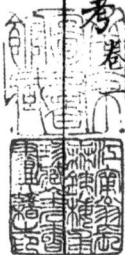

溧陽史學海希川著

故城圖

周氏應合景定建康志為圖凡十有五張氏錢至正金陵新

志為圖凡十有九陳氏沂金陵古今圖考為圖凡十有六皆

不專為六朝故城作也今特取其有關於六朝故城者採之

而其圖各有得失失者辨明簡端以便覽茲復參考諸史別

繪一圖以附各圖之後

景定建康志五卷　歷代城郭互見圖　辨建鄴

《六朝故城图考》翁长森抄本书影

目　录

卷一　故城图

周氏应合《景定建康志》为图凡十有五,张氏铉《至正金陵新志》为图凡十有九,陈氏沂《金陵古今图考》为图凡十有六,皆不专为六朝故城作也,今特取其有关于六朝故城者采之。而其图各有得失,失者辨明简端以便览。兹复参考诸史,别绘一图,以附各图之后。

辨建邺

楚名此地曰金陵,秦改金陵为秣陵。汉建安中,孙权改秣陵为建邺。晋建兴初,避愍帝讳改建邺为建康。①

建邺、建康岂有异地哉?世俗或疑其非者。有二说:《晋书》太兴三年,分淮水北为建邺,南为秣陵。此所谓淮水者,盖指秦淮而言耳。秦淮之水来自建邺之东,而西注于江,故晋于此水之南置县曰秣陵,名因秦旧也;此水之北置县曰建邺,名因吴旧也。或者不察建邺自有之淮,误指为桐柏所导之淮,遂为建邺移在江北,可谓谬矣。又一说,龙川陈亮上孝宗皇帝书有曰,今之建邺非昔之建邺。或者又执此语以为建康非建邺之证,谬尤甚焉。龙川所谓建邺今昔之异者,指其城郭而言

---

① 翁氏抄本各卷下按节目分段,节目之中不分段,为便于阅读,今按所述内容细分段落。

拟秦淮上阙三字
秦淮城北南句亦
有讹误玩其文势
似当云古都城在
秦淮北北近覆舟
山未知是否建
邺都城周建康宫
城之外此图与晋
建康宫并列亦非

北

城沂临晋　城邪琅晋　秦江乘

晋懐德城　城宫东宋

句下城

吴金城

唐五城蒋濬
楚金陵城
吴石头城
隋蒋州城

城府　康建　城都　邺建

药園里晋末刘裕築

山舟覆

鍾山

城苑吴

古晋宫城康建臺城

宋清溪宫

吴东府城

吴西州城

吴冶城

大宋宫城

建康府治

秦淮城北南

近覆舟山淮南北城距南山近距北山远乃伪吴城昇州之旧观南唐居之因而未改也

西

越城范蠡築

城陵林晋

城陵林秦

城阳丹汉

古扬州城

晋五城王含築

城周北

大江

宋新亭垒

南

历代城郭互见之图

　　按：“秦淮”上阙三字。“秦淮城北南”句亦有讹误。玩其文势，似当云“古都城在秦淮北北近覆舟山”，未知是否。建邺都城周建康宫城之外，此图与晋建康宫并列，亦非。①

————————

　　① 翁氏抄本各图史学海按语原均位于图之上方，竖排，本次整理为便于阅读加以释读。下同。

耳,非言其地之非昔也。原注^①:龙川万言书云,今之建邺非昔之建邺也。臣尝登石城之钟阜而望^②,今城直在沙嘴之旁耳。钟阜之支陇隐隐而下,今行宫据其平处以临城市,城之前则逼山而斗绝焉。此必后世之读山经而相宅者之所定,江南李氏之所为,非有据高临下以乘王气而用之之意也。本朝以至仁平天下,不恃险以为固,而与天下共守之,故因而不废耳。臣尝问之钟阜之僧,亦能言台城在钟阜之侧,大司马门当在今马军新营之旁耳。其地据高临下,东环平冈以为固,西城石头以为重,带元武湖以为险^③,拥秦淮、青溪以为阻,是以王气可乘而运动如意。若如今城,则费侯景数日之力耳?曹彬之登长干,兀术之上雨花台^④,皆俯瞰城市,虽一飞鸟不能逃也。

盖建邺古都城实倚钟阜,而都城南门距秦淮尚七八里,此吴晋之旧规,龙川所谓昔之建邺也。伪吴时,徐知诰大城昇州,拓旧址二十里,跨秦淮南北之地尽入城中,北距钟山甚远,而南距雨华、长干诸山则甚迫矣。知诰据此以为南唐之伪都,皇朝既平江南,即南唐故府以为州治,今城郭皆知诰之旧,此龙川所谓今之建邺也。谓建邺今城非昔城,则可谓建邺今地非昔地,则不可因为此辨以正或者之谬。

台城古迹图 旁注

外围以宣阳门为中者,晋名苑城,即吴都城旧址,周二十

① 原注:指周应合纂《景定建康志》卷五《辨建邺》之注。
② 登石城之钟阜而望:《景定建康志》原注无"之"。翁氏抄本有"之",然"之"字上有墨点,或为抄手所衍而校者所觉。
③ 带元武湖以为险:"元武湖"当作"玄武湖",清人避康熙帝讳改。下皆同,不改字。
④ 兀术之上雨花台:"之上",翁氏抄本脱,文义不通,据《景定建康志》卷五《辨建邺》注补。

里一十九步。按：苑城，台城也，非吴都城。内围以大司马门为中^①，晋成帝所作新宫，一名台城，周八里。内围之次，梁武帝所作宫城墙^②。此误会《梁书·武帝纪》。《纪》盖言其三重楼及开二道系梁武帝初作耳，非谓宫城墙及门也。如止车、云龙、神兽三门，皆见《晋书》。内宫太阳门，《宫苑记》云晋本名端门，宋、齐《书》亦屡言端门。万春、千秋二门，屡见《宋书》，何得言梁武所作乎！

诸门名，晋、宋、齐、梁、陈更易不同，今以其可考者著之^③。

台城古迹图考

古都城，《宫苑记》：吴大帝所筑，周回二十里一十九步，在淮水北五里，黄龙元年自武昌徙都。晋元帝初过江，不改其旧。宋、齐、梁、陈皆都之。宋世宫门外六门，城设竹篱。至齐高帝建元元年，有发白武樽^④，言白门三重门，竹篱穿不完^⑤。上感其言，改立都墙，《本纪》建元二年立六门都墙是也^⑥。其后增立为十二门云。

台城一曰苑城，本吴后苑城。晋成帝咸和中，新宫成，名建康宫，即世所谓台城也。在上元县东北五里，周八里，濠阔五丈。

---

① 内围以大司马门为中："以"，翁氏抄本脱，据《至正金陵新志》卷一《台城古迹图》旁注补。

② 梁武帝所作宫城墙：《至正金陵新志》卷一《台城古迹图》旁注"梁"前有"即"字。

③ 今以其可考者著之："著"，《至正金陵新志》卷一《台城古迹图》旁注作"道"。

④ 白武樽："武"，当作"虎"，唐人避李虎讳改。《南齐书》卷二十三《王俭传》作"有发白虎樽者"。

⑤ 竹篱穿不完："完"，翁氏抄本作"全"。《南齐书》卷二十三《王俭传》作"竹篱穿不完"。下文多处引文中亦作"完"，据改。下文径改，不出校。

⑥ 《本纪》：指《南齐书》卷二《高帝纪下》。

台城古迹图

按：台城外有都城，内有宫墙，此但以台城名图，殊有未括。晋、宋、齐、梁《书》皆屡言建
日门，则改建春为建阳不自陈始。《晋书》已屡言南掖门，则改闾阖为南掖不自宋始，其改名
端门亦始于梁，非始于陈也，详见卷三。宋改平昌门为广莫门，非广夏也，夏字误。且漏去
齐改北掖一层。宋改东掖为万春，此《宫苑记》误会《宋书·文帝本纪》也，详见卷三。第三重
宫墙万春门非至梁始开也，详见卷五。其千秋门亦同。按此以广阳之名为宋改，似未确。
斤讼门，门字误，当作堂《梁书》武帝本纪天监六年九月丁亥，改听讼堂为仪贤堂。据《景定
建康志》堂馆条云，即吴建中堂，在都城宣阳门内路西。宋改西掖门为千秋亦误，详见卷三。
凤妆，妆字误，当作庄。掖门上脱鸾字。三重宫墙北面徽明门，此图漏去。

金陵古今图考序

予家三世居南都，虽历览京阙之胜，莫考前代。乙亥岁，京尹以府志属笔，细绎旧史①，博洽群记，参互考索，乃有得焉。因即所知，复私创为图，凡十有六。金陵，在《禹贡》扬州之域，云阳遐邈，不能有征。孙权据有江东，作《孙吴都建邺图》；琅琊渡江，再兴典午，文物寖盛，作《东晋都建康图》；宋、齐、梁、陈相继立国，作《南朝都建康图》。因图附考，以备观览。若夫本朝之详，则有《京城图志》在焉。正德丙子春正月望鄞陈沂书。

按：陈氏名沂，字鲁南，号石亭，见朱之蕃《跋》。《跋》作于天启甲子春正月。

孙吴都建邺图考

初，东汉末，以秣陵地封孙策为吴侯，至弟权据有江东，筑石头，改秣陵为建邺。建安十三年，移丹阳郡治建邺。黄龙元年，遂徙为都。都城在淮水北五里，据覆舟山下，东环平冈以为安，西城石头以为重，后带元武湖以为险②，前拥秦淮以为阻，周回二十里十九步，详见后考。赤乌十年，作太初宫，周回五百丈，作八门。前五门曰公车，曰升贤，曰明阳，曰左掖，曰右掖；东一门曰苍龙，西一门曰白虎，后一门曰元武。都城之正门曰宣阳。又南五里至淮水，有大航门。时都城设篱，曰

---

① 细绎旧史："细"，翁氏抄本作"紬"，据陈沂《金陵古今图考·序》改。
② 后带元武湖以为险："后"，翁氏抄本作"复"，据下文"前拥"，当为"后"之误，今改。

按《建康實錄》卷八晉成帝修六門注：宣陽門本吳所開，核其方位當興太初宮不正對朱雀門直對，位當尚在東應。實錄卷二太祖康志不合建使郝儉監鑿城注，城時人亦呼為倉。苑城內有倉名苑，則倉城不得在青白虎門之外，倉城則青當時人亦龍門據建康實錄白虎門當作蒼龍門，《三國吳志》亦屢言蒼龍門。

孫吳都建鄴圖

按：《建康實錄》卷七晉成帝修六門注：宣陽門，本吳所開，對苑城門。核其方位，當尚在□，不應正對太初宮公車門，且與朱雀門不直對，亦與《景定建康志》不合。《建康實錄》卷二□太祖使郝儉監鑿城注：苑城內有倉，倉名苑倉，時人亦呼為倉城。則倉城不得在白虎門之□。青龍門，據《建康實錄》當作蒼龍門，《三國吳志》亦屢言蒼龍門①。

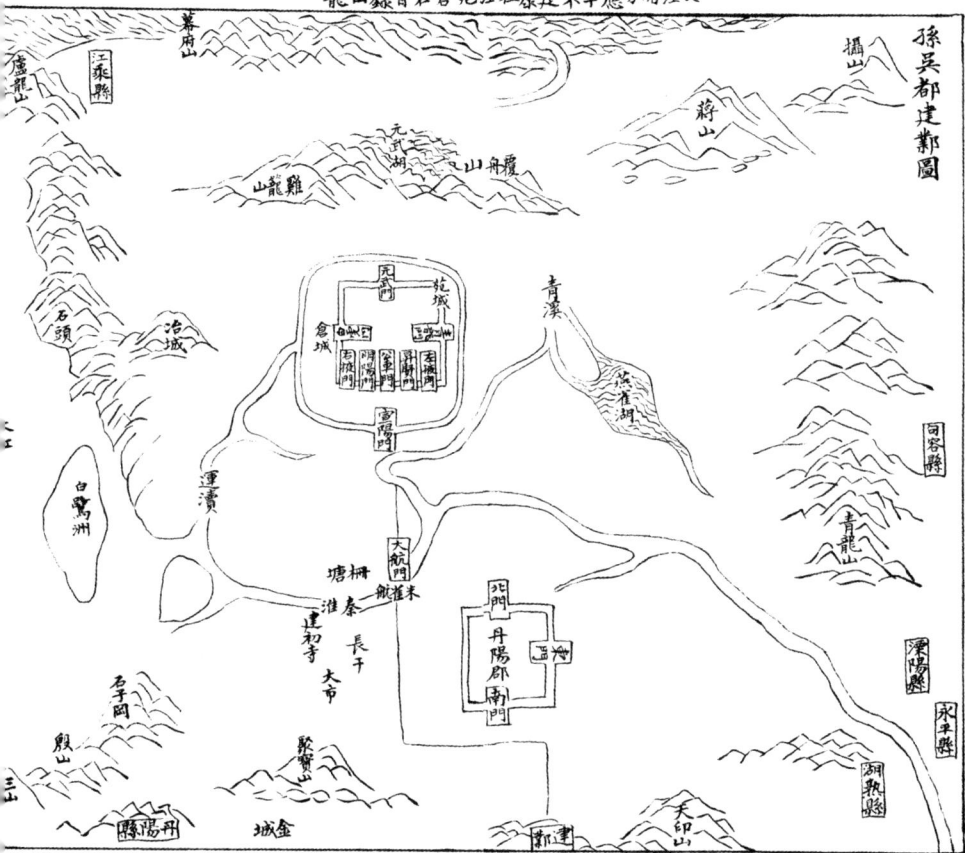

----

① 三國吳志：系指《三國志》卷四十六至六十四諸篇。史學海引用時多用略稱，下不一一出校。

古篱门。宫之后有苑城,晋所谓台城即此,今西十八卫以南、元津桥大街以北皆是①。赤乌四年,东凿渠②,名青溪,自城北堑泄元武湖水,九曲,西南入秦淮。西凿运渎,水自仓城东入今内桥,与青溪合,南由今乾道桥至斗门桥,达于秦淮。又夹淮立栅,谓之栅塘。金陵建都,自吴以始。

按:《建康实录》吴太祖黄龙元年缮太初宫注云:宫在晋建康宫城西南。建康宫城即苑城也,是苑城在太初宫之东北,此但言宫之后,殊混。

东晋都建康图考

晋武帝平吴,徙扬州治建业,在冶城之东。丹阳郡仍旧治,统县永平③、江乘、湖熟、丹阳、句容、溧阳,改建业仍为秣陵。后又徙秣陵于宫城南八里一百步小长干巷内。分淮水北之地复置建业,治在宣阳门内。以丹阳西置江宁。元帝渡江,避愍帝讳改建业为建康,遂为都号。东晋以宰相领扬州牧,筑城于青溪东南,临淮水上,名东府城,别旧治为西州城。以丹阳守为尹。于江乘南置琅琊郡④,领临沂、即邱⑤、阳都、怀德四县,以处从帝之渡江者。琅琊在今句容之琅琊乡,临沂在今上元之长宁乡,即邱、阳都在临沂之境,怀德在今之上元钟山

---

① 元津桥:"元津桥"当作"玄津桥",清人避康熙帝讳改。下皆同,不改字。
② 东凿渠:《建康实录》卷二赤乌四年冬十一月条作"凿东渠",是。
③ 永平:陈沂《金陵古今图考·东晋都建康图考》作"永世"。
④ 琅琊:翁氏钞本琅琊、瑯琊互见,从之不改。
⑤ 即邱:陈沂《金陵古今图考·东晋都建康图考》作"即丘",是。翁氏抄本皆作"即邱",从之不改。

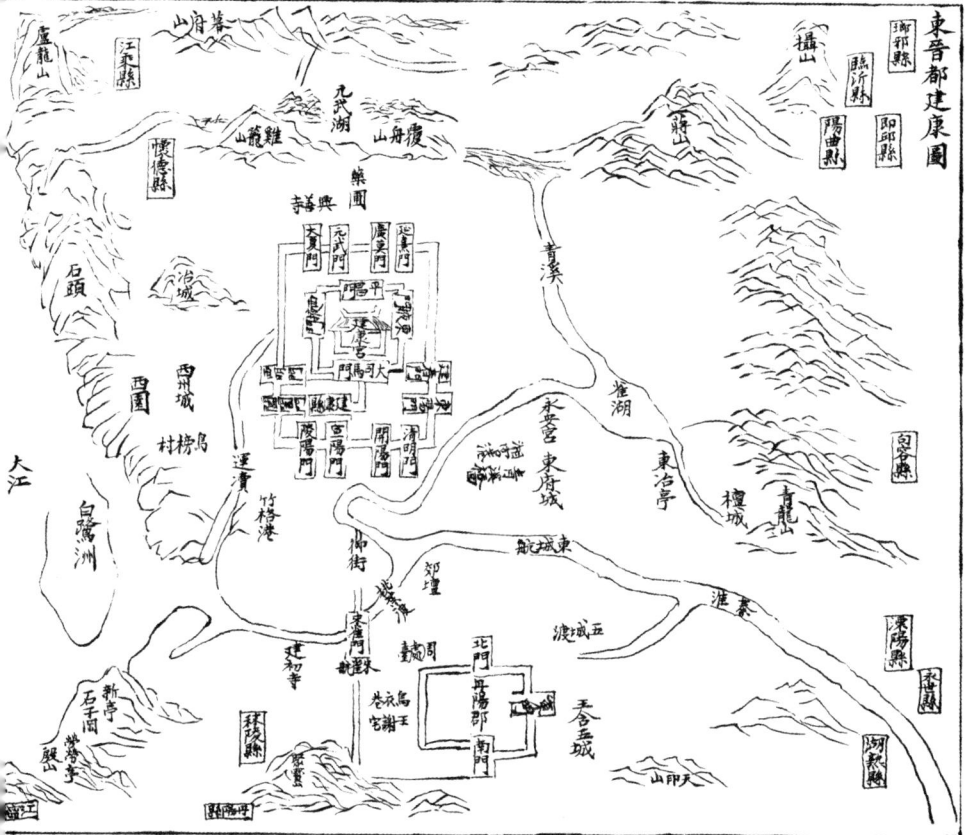

东晋都建康图

　　按:《建康实录》修六门注:正中宣阳门,南直朱爵门①。又新宫成注:大司马门南对宣阳门。此图宣阳门不正中,且与朱雀、大司马门俱不对,误。修六门注谓正北面即宫城无别门,但就咸和五年言之,此图兼及诸门是也。但广莫门尚当稍移向中。建春、西明二门当稍移南,以门内大街在大司马门前故也。《晋书》屡言南掖门,据《建康实录》等书,南掖门在大司马门之东,此遗漏。《实录》新宫成注平昌门与南掖门对,此图作正中,非也,当稍移向东。东、西二掖门皆当正中,此图偏北,亦非是。台城内第二重宫墙如止车、云龙、神兽等门,皆见《晋书》,第三重宫墙端门,见《建康实录》,此图遗却。此两重宫墙亦疏漏。

---

① 朱爵门:就六朝建康城而言,当作"朱雀门"。

乡。又侨置淮南、魏、广川、高阳、堂邑、南东海、南东平、南兰陵八郡，并寄京邑。宫城仍吴之旧。成帝作新宫，缮苑城，修六门。宫城正南曰大司马门，北平昌门，东、西二门曰东掖门、西掖门。南面尚有南掖门，在大司马门之东。^①大司马门与都城宣阳门对，又南出至淮水上，置朱雀门，即吴之大航门也。都城十二门，南北各四，东西各二，详见于图。淮水上设浮航二十有四。朱雀航即朱雀门处，在今镇淮桥东，后移至桥处。盖据淮为阻，有事撤航为备，即吴栅塘之意也。成帝时，徙建康县于御街西。

南朝都建康图考

东晋既亡，宋、齐、梁、陈相继为据，宫城、都城皆仍于晋，号京辇神皋。初，刘裕逼晋主宫于秣陵县，后乃自即晋宫。元嘉二年，于台城东、西开万春、千秋二门。都城十二门：按《宋书·文帝本纪》，开万春、千秋门是元嘉二十年，此作二年，沿《景定建康志》之误。^②南面次西按：次西当作"正中"。曰宣阳，次东改开阳曰津阳，最东曰清明，最西改陵阳曰广阳。北面次西曰元武^③，次东曰广莫，广莫亦居中。最西曰大夏，最东曰延熹。正东面曰建春，次南曰东

---

① 南面尚有南掖门在大司马门之东：翁氏抄本原作正文大字，后涂去，又同笔书于天头。陈沂《金陵古今图考·东晋都建康图考》无此句，当是史学海注文，今改为小字。

② 该页天头别笔书曰"双行夹注原本皆在眉上，抄手误入□文"，□为"口"上加"一"，或为"整"字省笔，通"正"。字体与扉页翁长森题跋同笔，是为翁氏校记。据此，冯梦华所藏"原本"史学海所施注皆加与眉上，抄手为翁长森抄写时置为双行夹注。今以大字为正文，小字为注文。

③ 元武：当作"玄武"，清人避康熙帝讳改。下皆同，不改字。

按斗圖宣陽門居中，其是北面廣莫門當稍移南中，東西共四門皆當稍移向南，建春當作"建陽"，台城南面大司馬門之東當補南掖臺，最東當補東掖門，大司馬門之西當補西掖門，北面平昌門當移向東，其西當補大通門，東掖西掖二"掖"字皆當作"華"，台城之內當補兩重宮墻。

南朝都建康图

按：此图宣阳门居中，其是①。北面广莫门亦当稍移南中。东西共四门，皆当稍移向南。建春当作"建阳"。台城南面大司马门之东当补南掖门，最东当补东掖门。大司马门之西当补西掖门。北面平昌门当移向东，其西当补大通门。东掖、西掖二"掖"字皆当作"华"。台城之内当补两重宫墙。

---

① 其是：疑是"甚是"之误。

阳。建春当作"建阳"。西面曰西明①，次南曰阊阖。宣阳为正门，与宫大司马门直对。津阳与宫南掖对。观此言南掖，则图中漏去南掖门。②建春、西明二门，达于宫前之直街者。宋于朱雀门之南渡淮五里又立国门，在长干东南，以示观望。齐皆因之。梁置石阙于端门外，阙有二，一在端门外，一在大司马门外。改朱雀门稍西，在今镇淮桥北。侯景攻台城，烧大司马门。陈复营治，改宫万春门为云龙，改万春门为云龙二语误甚，不但与正史不合，即《建康实录》等书亦并无其说。改千秋门为神武，改都城广莫门为北捷。扬州治、丹阳郡皆仍旧。宋省怀德、即邱、阳都三县，尽入临沂。省永平县入溧阳。梁武生于秣陵同夏里，因以其地置同夏县，在今上元之长乐乡。陈以琅琊三郡置建兴郡③，领建安、同夏、乌山、江乘、临沂、湖熟六县，丹阳、江宁、建康、秣陵、句容、溧阳仍隶丹阳郡。

　　以上所采之图凡五。周氏一图，兼举历代城郭，以赵宋南渡后建康府城为主，前代城郭概从附列。如吴苑城、古台城、晋建康宫，名虽异而地则一，周氏分列三所，殊误。建邺都城周台城外四面，周氏与晋建康宫平列，亦失之。张氏一图颇为详备，但以台城名图，不足以括都城宫墙，一失也。都城

---

　　① 西面曰西明：陈沂《金陵古今图考·南朝都建康图考》句首有"正"字，与上句"正东"对应。
　　② 观此言南掖则图中漏去南掖门：翁氏抄本此句本在"建春西明二门"之下，然其注上句"津阳与宫南掖对"，今移至"南掖"下。
　　③ 陈以琅琊三郡置建兴郡：陈沂《金陵古今图考·南朝都建康图考》于"三郡"下有"地"字，义长。

东南作两清明门,二失也。台城闾阖门,晋时已改名南掖,而张氏以为宋改,三失也。平昌门宋改广莫,而以为广夏,四失也。又漏去齐改北掖一层,五失也。以听讼堂为听讼门,六失也。鸾掖门脱去鸾字,七失也。第三重宫墙北面漏去徽明门,八失也。以万春、千秋二门为梁开,九失也。图之大小不按里数测准,十失也。至以陈改建春为建阳,陈改南掖为端门,宋改东、西掖门为万春、千秋,则皆旧志之失,而张氏仍之。陈氏三图[①],其作六朝城形者过小,故局于寸幅,内两重宫墙更无余地可以安置,而门之方位多不合,改置亦未详。其讹误处皆于各图简端载之[②],兹复参据史传,别绘一图,以附于后,名曰《今考定六朝故城图》。

今考定六朝故城图记

　　按:建邺都城周二十里一十九步,以方者径一围四计之,东西五里四步四尺五寸,南北亦然。台城周八里,则东西二里,南北如之。台城南大司马门,去宣阳门二里,则以南准北,北面城距北捷门当一里四步四尺五寸,故台城在都城之中而稍近北。宫墙周五百七十八丈,当得一里三百九十六步有奇,东西当得一百四十四丈五尺[③],南北同。其第三重宫墙又当略小于是云。

---

　　① 陈氏三图:"图",翁氏抄本误作"国",据文义及上下文例改。
　　② 翁氏抄本各图指谬文字皆列于图之上,今按阅读习惯及通行版式移置于图下,见本书第2页注释。
　　③ 东西当得一百四十四丈五尺:"当得",翁氏钞本误作"当德",据前文及文义改。

宋安康東宮
東青門
華林門
宣陽門

宋東掖門
宋西掖門
大司馬門
宋南掖門
中華門
晉東宮
廣莫門

右御街
御街
闌臺

晉初
東宮

吳太初宮
吳南宮即東

後陵廣陽
晉陵廣陽門
一名西門

宋改津陽
晉開陽門
一名開陽門
宣陽門

晉宋武
時東宮

清明門

今考定六朝故城图

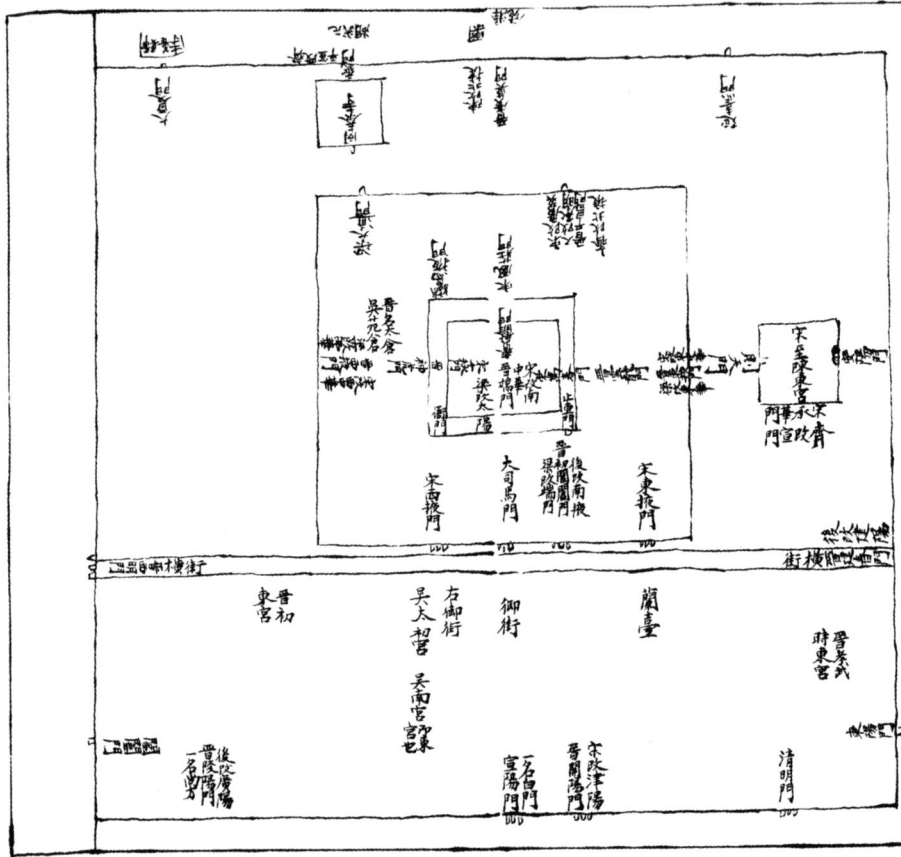

卷二　都城　都城门

都城

《建康实录》吴太祖黄龙元年秋九月，帝迁都于建业，冬十月，城建业太初宫居之。《建康志》表一同①。建业都城周二十里一十九步。《晋元帝纪》②，怀帝永嘉元年秋七月，以瑯琊王睿为安东将军、都督扬州江南诸军事，用王导计渡江镇建邺③，因吴旧都城修而居之。愍帝建兴五年三月辛卯，瑯琊王即晋王位。建武二年春三月丙辰，晋王即皇帝位于建康。

《景定建康志》"辨建邺"条：建邺古都，城实倚钟阜，而都城南门距秦淮尚七八里，此吴晋之旧规，龙川所谓昔之建邺也。按：龙川陈亮上宋孝宗万言书，谓今城在沙觜之傍，此必后世之读山经而相宅者之所定，江南李氏之所为，非有据高临下以乘王气而用之之意也。

"古城郭"条"古都城"④：案《宫苑记》，吴大帝所筑，周回二十里一十九步，在淮水北五里，按：前"辨建邺"条云，距秦淮七八里，与

①　建康志表一：系指《景定建康志》卷六《建康表一》。《建康表》一、二，见卷六，下文所及《表三》见卷七，《表四》见卷八，《表五》见卷九，《表六》见卷十，《表七》见卷十一。

②　晋元帝纪：系指《晋书》卷六《元帝纪》。

③　用王导计渡江镇建邺：翁氏钞本原作"用王导计渡镇江建邺"，《晋书·元帝纪》作"用王导计，始镇建邺"，据改。

④　古城郭条古都城：系指《景定建康志》卷二十《城阙志一·古城郭·古都城》，史学海引用时皆作略称。下不一一出校。

此异。黄龙元年自武昌徙都。晋元帝初过江,不改其旧,宋、齐、梁、陈皆都之。旧《志》。

《至正金陵新志》"台城古迹图考""城阙宫署志"与《建康志》"古城郭"条并同①。其卷十五为"论辨",而不载《建康志》"辨建邺"条。按:古都城周台城之外,《金陵新志》以古都城亦属台城下,殊误,不若《建康志》属古城郭为是。

考证

《三国吴志》:建安十六年,按:建安是汉献帝年号。权徙治秣陵。明年,城石头,改秣陵为建业。按:《建康志》表一、《金陵新志》表上并云建安十六年权自京口徙治秣陵,十七年城楚金陵邑地,号石头,改秣陵为建业。黄龙元年秋九月,权迁都建业。按:魏文帝黄初二年四月,权自公安都鄂,改名武昌,至是年,迁都建业。又按:《建康志》表一、《金陵新志》表上并云自武昌迁都建业。宝鼎元年十二月,皓还都建业。按:孙皓甘露元年九月徙都武昌,至是年,还都建业。又按:《建康志》表二、《金陵新志》表上并云帝还建业。

《张纮传》:纮建计宜出都秣陵,权从之。按:此与上文权徙治秣陵系一事。

《孙登传》:权迁都建业,征上大将军陆逊辅登,镇武昌,领宫府留事。按:此与上文黄龙元年迁都建业系一事。

《晋书·孝怀帝纪》:永嘉元年秋七月己未,以平东将军琅琊王睿为安东将军、都督扬州江南诸军事,假节,镇建业。

《孝愍帝纪》:建兴五年三月,琅琊王睿承制改元,称晋王于建康。按:愍帝讳邺,故改建邺为建康。

---

① 至正金陵新志台城古迹图考城阙宫署志:系指《至正金陵新志》卷一《地理图·台城古迹图考》、卷十二《城阙宫署》,史学海引用时皆作略称,下不一一出校。

《元帝纪》：永嘉初，用王导计，始镇建邺。按：此与上文《孝怀帝纪》系一事，即许氏嵩《实录》所谓因吴旧都城修而居之也。太兴元年三月景辰①，即皇帝位。

《宋书·武帝本纪》：永初元年夏六月丁卯，告天礼毕，备法驾，幸建康宫，临太极前殿。李延寿《南史》同。《建康志》表四《金陵新志》表上亦略同。

《南齐书·高帝本纪》：建元元年夏四月甲午，告天礼毕，大驾还宫，临太极前殿。还宫，《南史》作"幸建康宫"。

《梁书·武帝本纪》：天监元年夏四月丙寅，告类于天，礼毕，备法驾即建康宫，临太极前殿。《南史》略同。

《陈书·高祖本纪》：永定元年冬十月乙亥，告天礼毕，舆驾还宫，临太极前殿。《南史》同。以上八条，即《建康志》所谓晋元帝初过江不改其旧，宋、齐、梁、陈皆都之也。按：自吴大帝至陈后主，六朝中惟吴孙皓徙都武昌，自甘露元年九月至宝鼎元年十一月，凡阅十有五月。梁元帝即位于江陵，遂都之，凡阅承圣三年②。

《太平御览》"居处部"《郡国志》曰③：陈宫城周二十里，东晋所筑，号曰六门城。按：宫城当作都城。

都城门

《建康实录》晋成帝咸和五年九月修六门注云：六门，按

---

① 景辰：当作"丙辰"，唐人避李昺讳改。下不一一出校。
② 凡阅承圣三年：梁元帝都江陵，年号承圣，前后跨四年。据上文"凡阅十有五月"言之，"承圣"当为衍字。
③ 太平御览居处部郡国志曰：系指《太平御览》卷一九三《居处部二十一》引《郡国志》曰。史学海引用时多作略称，下不一一出校。

《地舆志》，都城周二十里一十九步，本吴旧址，晋江左所筑，但有宣阳门，至成帝作新宫，始修城，开陵阳等五门，与宣阳为六，今谓六门也。

《景定建康志》"古城郭"条：宋世宫门外六门，城设竹篱，至齐高帝建元元年，有发白武樽，言：白门三重门，竹篱穿不完。上感其言，改立都墙，《本纪》建元二年立六门都墙是也。其后增立为十二门云。旧《志》。按：此以十二门之增在齐高帝后，非也。辨见下。"门阙"条"古都城门"案《建康实录》修六门注云：六门，都城门也。晋初但有陵阳门。按：《实录》注本言晋江左所筑，但有宣阳门。周氏应合引之，改作陵阳门，误甚《晋书·明帝纪》太宁二年秋七月乙未，贼至宣阳门。《成帝纪》咸和三年二月，庾亮又败于宣阳门内《礼志下》江左多虞，不复晨贺，夜漏未尽十刻，开宣阳门。考其时皆在新宫未作以前，周氏谓晋初但有陵阳门者，其误明甚。或曰晋初但有陵阳门，恐系后人传写之误，周氏本作宣阳未可知也。曰：不然《建康志》云，晋初但有陵阳门，后改为广阳门，内有右尚方，世谓尚方门。其所引下三句与《实录》注正同。《宫苑记》亦云，南面最西曰陵阳门，后改为广阳门。盖晋改陵阳为广阳，非改宣阳为广阳也。世谓陵阳为尚方，非谓宣阳为尚方也。若周氏本作宣阳，则更误矣。六门为正门，后又立六门，皆便门也，故史不载。按：《晋书》言六门者，见庾希、江绩《传》。《宋书》言六门者，见檀韶、江夏文献王义恭、建平宣简王宏、沈庆之、竟陵王诞、王景文、刘勔、袁粲、王道隆、元凶劭《传》。《南齐书》言六门者，见高帝、东昏侯《本纪》，豫章文献王嶷、王俭《传》。《梁书》言六门者，见《武帝本纪》、曹景宗、韦叡《传》。《陈书》言六门者，见《始兴王伯茂传》。史所载六门如此，或疑便门之说，为未必然。曰此在《南齐书·王元邈传》已言之，曰：元邈率百余人登城便门，奋击，生擒法智、盘龙等。则周氏便门之说甚确。

《至正金陵新志》"台城古迹图考""城阙宫署志"与《建

康志》"古城郭"条并同,"古都城门注"与《建康志》"门阙"条并同。

考证

《晋书·桓元传》^①:又开东掖、平昌、广莫及宫殿诸门,皆为三道。按:东掖、平昌,皆台城门也。广莫为都城门,而不在六门之内。

《宋书·文帝本纪》:元嘉二十五年夏四月乙巳,新作阊阖、广莫二门。《南史》同《建康实录》改"二门"作"等门"。按:阊阖、广莫皆都城门也。观《晋桓元传》及此条,则周氏谓齐高帝后增立十二门者,非矣。

《南齐书·高帝本纪》:建元二年五月,立六门都墙。按:《建康志》表五、《金陵新志》表上并云改篱门为都墙。

《王俭传》:宋世外六门设竹篱,是年初,有发白虎樽者,言:白门三重门,竹篱穿不完。上感其言,改立都墙。按:《建康志》"古城郭"条所载即此二条也。

南面四门

《建康实录》修六门注:南面三门,最西曰陵阳门,次正中宣阳门,最东开阳门。

《景定建康志》"门阙"条"古都城门"按《建康实录》注,见上。详考《宫苑记》陵阳、宣阳、开阳三门,与《实录》所向皆同,唯清明门 按:《实录》注坊刻作清阳门,误。在南面最东,而《实录》乃在东面最南。今以《宫苑记》北对延熹门证之,即《实录》误矣。

《至正金陵新志》"古都城门注"与《建康志》并同。

---

① 晋书桓元传:系指《晋》卷九十九《桓玄传》,下文又略作《晋桓元传》,清人避康熙帝讳改。今从不改,下不一一出校。

中 宣阳门

《建康实录》修六门注：南面次正中宣阳门，本吴所开，对苑城门，世谓之白门，晋为宣阳门，门三进，当作道。上起重楼，悬榻 当作楣。上刻木为龙虎相对，皆绣栭藻井，南对朱雀门，相去五里余。按：《建康实录》晋孝武帝太元三年谢安石启作新宫注：按《地图》，朱雀门北对宣阳门，相去六里。又按：张氏敦颐《六朝事迹编类》"朱雀航"条《地志》云[1]：朱雀门北对吴都城宣阳门，相去六里。又按：《建康志》《金陵新志》"沟渎"条"御沟事迹"引《实录》注亦并云相去六里。名为御道，开御沟[2]，植槐柳。《景定建康志》"古城郭"条"台城考证"《舆地志》云：都城南正中宣阳门，对苑城门，其南直朱雀门。"门阙"条"古都城门"案《建康实录》注，见上。但"白门"作"日门"，"三进"作"三道"，"悬榻"作"悬楣"，余并同，而少"名为御道"三句。按《晋书·五行志中》，穆帝升平末，俗间歌云"白门廉"。海西公太和末，童谣曰"白门种小麦"。《宋书·明帝本纪》，宣阳门，民间谓之白门，上以白门之名不祥，甚讳之。《南齐书·东昏侯本纪》谓茹法珍曰：[3]"须来至白门前，当一决。"《百官志》宋孝武时，侍中何偃南郊陪乘，銮辂过白门阙。《王俭传》言，白门三重门，竹篱穿不完。据此六条，则《实录》注世谓之白门是也。《建康志》作日门，误。又案《宫苑记》，南面正门曰宣阳门。"古宣阳门"云，洛京旧名，都城正中门也，南直朱雀门，相去五里，今宫城门疑是其处。

《至正金陵新志》"台城古迹图考注"与《建康志》"古城

---

① 张氏敦颐六朝事迹编类朱雀航条地志云：系指张敦颐《六朝事迹编类》卷二《形势门·朱雀航》引《地志》所云。史学海引用时皆作略称。下不一一出校。

② 开御沟：翁氏钞本作"开御道"，《景定建康志》卷十六作"名为御道，夹道开御沟，植槐柳"，据改。

③ 谓茹法珍曰："茹"，翁氏抄本误作"如"，据《南齐书》卷七《东昏侯纪》改。

郭"条同,"古都城门注"与《建康志》"门阙"条同,"古宣阳门注"亦并同,而削去"今宫城门"一句。

考证

《晋书·明帝记》:太宁二年秋七月乙未,贼至宣阳门。按:王通《元经》薛收传云①,敦众济水,至宣阳门。《建康实录》云,沈充自青溪引军与含会,至宣阳门。《建康志》表三《金陵新志》表上并云充、凤至宣阳门。又"溪涧"条"青溪事迹"并云,晋王含帅王敦余党自竹格渚济,沈充自青溪会之,至宣阳门,皆此一事。盖是时王敦虽死,而沈充、钱凤,敦之参军,王含,敦之兄,皆贼也。

《成帝纪》:咸和三年二月景辰,庾亮又败于宣阳门内。按:《元经》薛传云,庾亮为苏峻贼于宣阳门外②。《建康实录》云,峻又追败庾亮于宣阳门内。《建康志》表三《金陵新志》表上云,庾亮率众阵于宣阳门内,未及成列,士众皆弃甲走。皆此一事,特门内、门外,其文小异耳。

《孝武帝纪》:太元十四年秋七月甲寅,宣阳门四柱灾。按:《元经》云宣阳门灾,薛传云宣阳门四柱灾,宣阳,朝门。《建康实录》《建康志》表三《金陵新志》表上并云雷震宣阳门,四柱灾。皆此一事。特《晋纪》《元经》不言雷震,而《晋书·五行志》云,雷震,烧宣阳门,与《实录》诸书合。

《安帝纪》:隆安二年九月己酉,右将军谢琰备宣阳门。按:是年七月,王恭、庾楷、殷仲堪、桓元③、杨佺期等举兵反。又按:《建康实录》云,谢琰入备宣阳门。《建康志》表三《金陵新志》表上并云谢琰屯宣阳门。

《礼志下》:江左多虞,不复晨贺④。夜漏未尽十刻,开宣阳

---

① 王通元经薛收传:《元经》,又称《王氏元经》,隋王通撰,唐薛收传注。
② 庾亮为苏峻贼于宣阳门外:今本《元经》无此句,"贼"或作"败"。
③ 桓元:即桓玄,清人避康熙帝讳改,下不一一出校。
④ 江左多虞不复晨贺:翁氏抄本脱"多",《晋书》卷二十一《礼志下》及《南齐书》卷九《礼志上》均作"江左多虞,不复晨贺",据补。

门。按:萧子显《南齐书·礼志上》亦载此条。

《五行志中》:穆帝升平末,俗间歌云"白门廉"。按:沈约《宋书·五行志二》亦载此条。海西公太和末,童谣曰"白门种小麦"。按:《宋书·五行志二》亦载此条。

《五行志下》:孝武帝太元十四年七月甲寅,雷震,烧宣阳门西柱。按:《宋书·五行志四》亦载此条,云震宣阳门西柱。又按,此与上《孝武帝纪》所载年月日皆同,必系一事,而传闻小异。或"西"字为"四"字之讹,未可知也。成帝咸康八年五月甲戌,有马色赤如血,自宣阳门直走入于殿前。按:《宋书·五行志五》亦载此条。

《会稽文孝王道子目录但作简文三王传》:元显弃船,退屯国子学堂。明日,列阵于宣阳门外。按:元显,道子之世子也。时安帝使元显御桓元。又按:《元经》安帝兴元元年薛传云,元显弃船,屯国子学堂,列阵于宣阳门。《建康实录》云,元显兵退次国学,寻败于宣阳门。《建康志》表三云,元显弃船,退屯国子学。辛未,陈于宣阳门外。元显回入宣阳门。按:桓元入寇而元显屡退,故旋为桓元所害。

《宋书·武帝本纪》:晋安帝元兴三年三月庚申,焚桓温神主于宣阳门外。《南史》同。《建康志》表三《金陵新志》表上并同。惟《建康实录》于晋安帝、宋武帝两纪并见,皆作焚桓温神主于宣阳门,而无"外"字。至《建康志》表四,又云焚桓温神主于宣阳,而无"门"字,则坊刻脱去也。

《明帝本纪》:宣阳门,民间谓之白门。按:陶潜《金陵阻风雪寄杨江宁》诗云:"今看白门柳,夹道垂青丝。"则白门之名旧矣。上以白门之名不祥,甚讳之。《建康志》《金陵新志》"城阙"条"古宣阳门"下所载略同。尚书右丞江谧尝误犯,上变色曰:"白汝家门。"《南史》同。《建康实录》亦同,但"右丞"作"左丞"。又按:《六朝事迹编类》"白下门"条引《南史》亦作"右丞"。《建康志》"门阙"条"古都城门"之末引此,亦作"右丞"。

《后废帝本纪》：元徽二年五月丙申，张敬儿等破贼于宣阳门、庄严寺、小市。按：宜，一本作宣《建康志》《金陵新志》"镇市"条引此，亦并作"宣"，特误《宋书》作南史南史①，但云张苟儿［按：《南齐书·张敬儿传》云，本名苟儿，宋明帝改焉《南史·张敬儿传》云，初名狗儿，宋明帝改为敬儿］等又破贼②，而不言于宣阳门、庄严寺、小市。又按《南齐书·高帝本纪》，宋元徽二年五月，张敬儿斩休范首。又云宣阳门诸贼皆破平之。又按《建康志》表四云，五月丙申，张敬儿等又破黑骡等于宣阳门。又《金陵新志》表上云，五月丙申，又破黑骡于宣阳门。又，《建康志》"第宅"条"杜姥宅考证"云，杜黑骡进至杜姥宅，陈显达出杜姥宅，大战于宣阳门，破之。则"宣"字是也，"宜"字之误明甚。

《礼志一》：漏上三刻，殿中侍御史奏开殿之殿门、南止车门、宣阳城门。按：此遣大使拜皇后、三公，及冠皇太子，及拜蕃王之仪③。

《五行志五》：宋文帝元嘉中，有两白虹见宣阳门外。

《黄回传》：于宣阳门与人相打，诈称江夏王义恭马客，鞭二百，付右尚方。《南史》同。

《元凶劭传》：太尉江夏王义恭登朱雀门，总群帅，遣鲁秀、薛安都、程天祚等直趋宣阳门。按：劭弑文帝而自立，故义恭背劭而助世祖入讨。

《南齐书·高帝本纪》：领军宜屯宣阳门为诸军节度。按：宋苍梧王元徽二年五月，桂阳王休范举兵，故高帝有此议。领军，刘勔也。又按《建康

---

① 宋书作南史南史：翁氏抄本文有脱误。

② "按：《南齐书·张敬儿传》云，本名苟儿，宋明帝改焉。《南史·张敬儿传》云，初名狗儿，宋明帝改为敬儿"一句，翁氏抄本前后红笔加"「」"，并于边栏红字注曰："儿字接等字。按《南齐书》'以下，又夹注中之夹注。"据笔迹，当是翁长森校语。以下尚有数处"夹注中之夹注"，统用［ ］括注，不再一一出校。

③ 及拜蕃王之仪："蕃"，翁氏抄本误作"番"，《宋书》卷十四《礼志一》及本书他处引文均作"蕃"，据改。

志》表四、《金陵新志》表上并系此于宋苍梧王元徽二年。**台分遣众军击杜姥宅、宣阳门诸贼，皆破平之。**按：是时休范已死，诸贼谓其党杜黑蠡等。

《东昏侯本纪》：**及义师起，江、郢二镇已降，帝游骋如旧，谓茹法珍曰："须来至白门前，当一决。"**《南史》略同。但"义师起"作"萧衍师至"，而无江、郢两句。

《百官志》：**宋孝武时，侍中何偃南郊陪乘，銮辂过白门阙，偃将匍，帝乃接之曰："朕乃陪卿。"**按：《建康志》《金陵新志》"城阙"条"古宣阳门"下引《通典》云：帝反手接之，曰朕反陪卿也。

《王俭传》：**上坏宋明帝紫极殿，以材柱起宣阳门。**《南史》略同。但"上"字作"高帝"，盖此系建元二年事。**紫极故材为宣阳门，臣等未譬也。**按：此系俭与褚渊及叔父僧虔上表谏语，与上条相连。又按：《建康志》"古宫殿"条《金陵新志》"宫署"条宋紫极殿下并载此事。**宋世外六门设竹篱，是年初，有发白虎樽者，言"白门三重门①，竹篱穿不完"。上感其言，改立都墙。**《南史》同。此俭又谏，而高帝答曰："吾欲令后世无以加也。"

《刘善明传》：**又谏起宣阳门。上答曰："宣阳门今敕停。"**《南史》同。按：此与《王俭传》当系一时事，故俭《传》亦云上手诏酬纳。

《虞悰传》：**永明八年，大水，百官戎服救太庙，悰朱衣乘车卤簿，于宣阳门外行马内驱打人，为有司所奏，见原。**《南史》同。

《梁书·武帝本纪》：**朱爵诸军望之皆溃，义军追至宣阳门。**按：《南史》云，众军退至宣阳门。然其实一也。盖此系齐东昏侯永元三年事。义军，梁武所遣王茂、曹景宗等。众军，东昏所遣王珍国、王佂子等。惟义军追，故众军退也。

————————

① 白门三重门："白"，翁氏抄本误作"北"，据《南齐书》卷二十三《王俭传》改。

《建康实录》亦云诸军相望大溃,追至宣阳门。《建康志》表五《金陵新志》表上则云"衍军长驱至宣阳门"。

《王茂传》:东昏遣大将王珍国盛兵朱雀门 ^①,茂与曹景宗等会击,大破之,长驱至宣阳门。按:此与上条系一事而互见。

《陈书·王质传》:景军济江,质便退走,寻领步骑顿于宣阳门外。《南史》略同,而少"退走"句。此系梁武帝太清二年事。景,侯景也。

《南史·孔觊传》:觊之起兵也,梦行宣阳门道上,顾望皆邱陵 ^②。按:明帝初即位,觊听孔璪之言,遂发兵反。明年,为王晏所斩。

《陈显达传》:及休范死,显达出杜姥宅,大战于宣阳门、津阳门,大破贼。按:此与上《南齐高帝本纪》二条系一时事。

《梁宗室临川静惠王宏附正德传》:景至,正德乃北向望阙,三拜跪辞,欷歔流涕,引贼入宣阳门。与景交揖马上,退据左卫府。按:正德先奔魏,又逃归,淫虐不革,阴养死士。侯景反,与正德书,正德许之,故引景入而与之揖。

《贼臣侯景传》^③:于时景修饰台城及朱雀、宣阳等门。按:此系梁大宝二年景矫萧栋诏禅位时事。焚伪神主于宣阳门。按:梁元帝承圣元年,王僧辨等大破侯景,景东奔,故焚其主。

《建康实录》晋元帝纪:西晋武帝太康三年 ^④,分秦淮水北为建邺县。建邺县在故都城宣阳门内。按:《建康志》卷十五《金陵新志》卷四"建邺县"下并引此条。

---

① 东昏遣大将王珍国盛兵朱雀门:"遣",翁氏抄本误作"遗",据《梁书》卷九《王茂传》改。
② 顾望皆邱陵:"邱",《南史》卷二十七《孔觊传》作"丘"。
③ 贼臣侯景传:系指《南史》卷八十《贼臣传·侯景》。
④ 西晋武帝太康三年:翁氏抄本"武"前衍"孝"字,"武"下脱"帝",据理改正。

建武元年立宗庙注:按《图经》,晋初置宗庙在古都城宣阳门外。按:门,坊本作"城",误。又按:《六朝事迹编类》"郊社"条云,晋初置宗庙,在吴都城宣阳门外。《建康志》《金陵新志》"社稷"条"古大社大稷坛"云,晋元帝建武元年初立宗庙、社稷,在古都城宣阳门外。

成帝咸康五年《王导传》[①],导随驾出宣阳门,乃遥指牛头峰为天阙,中宗从之。按:王导薨于咸康五年,而传中追叙元帝时事。又按:《文选》陆佐公《石阙铭》李善注《丹阳记》曰:王茂宏陪乘[②],出宣阳门,南望牛头山两峰,即曰此天阙也。《六朝事迹编类》"朱雀门"条,王导尝出宣阳门,望牛首两峰相向,导指为天阙。《太平御览》"居处部·阙"亦引山谦之《丹阳记》。

穆帝升平元年《谢尚传》注[③]:宋大明中,路太后于宣阳门外大社西药园造庄严寺。

孝武帝太元十六年二月庚申改筑太庙注:帝欲改入宣阳门内,王珣奏乃不移。五代仍之,至陈乃废。《建康志》《金陵新志》"古郊庙"条"晋太庙考证"同。

陈文帝天嘉六年七月甲申仪贤堂前架无故自坏注:按,仪贤堂,吴时造,号为中堂,在宣阳门内路西,七间,亦名听讼堂。《建康志》"堂馆"条《金陵新志》"宫署"条载此事略同。

《景定建康志》表四:宋孝武帝大明三年七月,上闻广陵平,出宣阳门敕,左右皆呼万岁。按:竟陵王诞据广陵城反,上命沈庆之讨平之。《宋书》《南史》纪传中备载此事,而出宣阳门云云则皆不载。周氏岂别有所据耶?《金陵新志》表上亦当载此,而坊刻于此数句皆系阙文。

---

① 成帝咸康五年王导传: 系指《建康实录》卷七成帝咸康五年七月条下之王导传记。
② 王茂宏: "茂宏"王导字,当作"王茂弘",清人避乾隆帝讳改。从之,不改字,下不一一出校。
③ 穆帝升平元年谢尚传注: 系指《建康实录》卷七穆帝升平元年谢尚传记。

"街巷"条"古御街"云：晋成帝因吴苑城筑新宫，正中曰宣阳门，南对朱雀门，相去五里余，名为御道。《金陵新志》同。按：下文"朱雀门街"条引《舆地志》云相去六里，与此小异。

"古宫殿"条"陈安德宫"云：按《宫苑记》，在宣阳门外直西，即都城西南角外。《金陵新志》"宫署"条同。

《至正金陵新志》"宫署"条"鸿胪寺注"：宣阳门内过东即客省、右尚方①，并在今县城东一里二百步。

《六朝事迹编类》"朱雀门"条云：晋都城南门也。按：此句误。朱雀门尚在都城之外，非都城门也。按晋作新宫，立三门于南面，正中曰宣阳，与朱雀门相对。按：宣阳乃都城门也，张氏以朱雀为都城门，故以宣阳为宫门，皆误。

《太平寰宇记》"江南东道昇州理上元县"云：古建康县，初置在宣阳门内。晋咸和三年苏峻作乱，烧尽，遂移入苑城。咸和六年，以苑城为宫，乃徙出宣阳门外御街西，今建初寺门路东是。按：《建康志》卷十五、《金陵新志》卷四"建业县"下并引此记，则宣阳门为都城门明甚，即苑城之非都城亦明甚。

《太平御览》"居处部·城下"《郡国志》曰：宣阳门楣 坊刻讹作撋。上作虎，刻木相对，又施云楣 坊刻讹作媚。藻井。

又"居处部·巷"《丹阳记》曰②：七战巷者，庾亮与苏峻战

---

① 宣阳门内过东即客省右尚方："过东"，语意不明。《至正金陵新志》该句引自《建康实录》卷十九陈文帝天嘉六年七月甲申条注，按许嵩该注所及衙署建筑均在宣阳门内道西，右尚方亦在宣阳门内道西，故推测"过"为"道"之误，"东"为"西"之误。按建康城复原结果，该注"并在今县城东一里二百步"，亦可证客省、右尚方均在宣阳门内道西。

② 居处部巷丹阳记曰：系指《太平御览》卷一九五《居处部·巷》引《丹阳记》曰。

宣阳门外,峻初小退,寻复来攻,交战者七,亮乃南奔,故有此名。

次东　津阳门

《建康实录》修六门注:南面次最东开阳门。按:《建康志》以清明门为南面最东,则开阳门特次东,非最东也。

《景定建康志》"门阙"条"古都城门":案《建康实录》注,次最东曰开阳门,宋元嘉二十五年,改开阳曰津阳。按:宋元嘉两句,见《建康实录》宋文帝纪,其修六门注并无此语。又案《宫苑记》,南面次东曰开阳门,后改为津阳门,门三道,直北对端门。

《至正金陵新志》"古都城门注"与《建康志》并同。

考证

《宋书·文帝本纪》:元嘉二十五年夏四月乙巳,改开阳曰津阳。按:《南史》及《建康实录》"开阳"下皆有"门"字。《建康志》表四《金陵新志》表上亦并载此,则无"门"字。

《南齐书·朱谦之传》:幼方子恽于津阳门伺杀谦之,谦之之兄选之又刺杀恽。按:《南史》见《朱异传》,"恽"作"怿","选"作"巽"。又按:谦之母亡,假葬田侧,为族人朱幼方燎火所焚,永明中,谦之手刃杀幼方,故幼方子于此报杀,而谦之兄又刺杀之。《南史》云,选之,即异父也。

《南史·陈显达传》:及休范死,显达出杜姥宅,大战于宣阳、津阳门,大破贼。详见上宣阳门考证。

《建康实录》晋穆帝升平五年二月南掖门马足陷地注:按,南掖门,南出都城开阳门,即宣阳东门也。

最东 清明门

《建康实录》修六门注：东面最南清阳门。按：《建康志》《金陵新志》并从《宫苑记》作南面最东，其引此注皆作"清明门"。《宋书》《梁书》亦皆作"清明门"，则"阳"字误也。门三道，对湘宫寺巷，门东出青溪港桥①。

《景定建康志》"门阙""古都城门"案《建康实录》注，东面最南曰清明门，门三道，对今湘宫巷，门东出青溪桥巷。按：此二句与《实录》注本文小异。尚书下舍在此门内。按：此八字《实录》注本无，疑是今本脱去。又案《宫苑记》，南面最东曰清明门，直北对延熹门，当二宫中大路。按：《宫苑记》与《实录》注异，而《建康志》从之。详见上面南四门条。

《至正金陵新志》"古都城门注"与《建康志》并同。

考证

《宋书·沈庆之传》：居清明门外，有宅四所，室宇甚丽。《南史》同。《建康实录》则云庆之居在西明门外。《建康志》《金陵新志》"第宅"条"沈庆之宅考证"并云居清明门外。又按下文言其徙居娄湖，以宅还官，见其驱驰戡难，年致悬车，而卒为废帝赐死，可慨也。

《梁书·徐勉传》：慧日、十住等，既应营婚，又须住止，吾清明门宅，无兼容处。《南史》同。此系勉诫其子崧书，谕以东田间营小园之故。

最西 广阳门

《建康实录》修六门注：南面三门，按：《建康志》作四门。最西曰陵阳门，后改为广阳门。门内有右尚方，又谓之尚方门。

---

① 青溪：翁氏抄本"清溪""青溪"两名互见，他书亦不统一，今按惯例统一作"青溪"。

《景定建康志》"门阙"条"古都城门"：案《建康实录》注云，晋初但有陵阳门，后改为广阳门。内有右尚方，世谓尚方门。 按：此条引误，非《实录》本注也。辨见上都城门条。又案《宫苑记》，南面最西曰陵阳门，后改为广阳门。

《至正金陵新志》"古都城门注"与《建康志》并同。

考证

《建康实录》晋成帝咸康元年夏四月癸丑帝亲观兵于广阳门注：按《晋书·成帝纪》，观兵于广莫门。按《宫苑记》，晋时未有广莫，据此，成帝观兵是广阳门，本史误耳。 按：晋孝武帝即位之年①，卢悚自广莫门入殿庭，明见《建康实录》。桓元又开东掖、平昌、广莫及宫殿诸门，明见《晋书·桓元传》。则《宫苑记》谓晋时未有广莫门，非也。辨见下北捷门条。至宋永初中始改宫城北平昌门为广莫门。 按：《建康实录》刘延孙传，上使乘板船自青溪至平昌门入尚书下舍；《齐海陵王纪》②：宝志沙门住东宫，常从平昌门入。是永初以后尚名平昌也。意者名虽改而或尚仍旧称欤。广阳门在今县城东一里半，都城南面西门也。其时石季龙既寇历阳，兵亦不历北门出也。 按：观兵，特阅武耳，非出师也。阅武在北，出师在南，各不相得。

北面四门

《建康实录》修六门注：正北面即宫城，无别门。

《景定建康志》"门阙"条"古都城门"：按《建康实录》注，见上。《实录》都城止六门，而《宫苑记》之门乃十有二。《宋纪》

---

① 晋孝武帝即位之年：翁氏抄本作"晋孝武帝帝即位之年"，衍一"帝"字，今删。
② 齐海陵王纪：系指《建康实录》卷十五齐后废帝海陵王传记。

独载元嘉二十五年新作阊阖、广莫二门[1]，其余延熹、元武、大夏、东阳四门不见建立之始。按：《宋纪》言新作，亦非必始建也。辨见下。《建康实录》元嘉二十五年四月，新作阊阖、广莫等门，改先广莫曰承明。按：此句与都门无涉，可不必引。然则此六门皆同时作，史略之尔。

《至正金陵新志》"古都城门注"与《建康志》并同。

中　北捷门

《景定建康志》"门阙"条"古都城门"：按《宫苑记》，北面次西曰广莫门，门三道，陈改名北捷门，北直对乐游苑南门。"古广莫门"云，洛京旧名，都城北面次西门也，北直乐游苑南门，其地在今城东北。按：注附载《王昙首传》[2]不肯开广莫门事，误也。《昙首传》所言广莫门，乃台城北面承明门也，不宜入此条。

《至正金陵新志》"古都城门注·古广莫门注"与《建康志》并同。

考证

《晋书·成帝纪》：咸康元年夏四月癸丑，帝观兵于广莫门。按：广莫，《建康实录》力辨其当作广阳，然非也。盖晋成帝咸和五年前当未有广莫门，故《建康实录》修六门注云，正北面即宫城，无别门。至咸康时当已有之，故此云帝观兵于广莫门。《建康实录》于孝武即位之年卢悚自广莫门入殿庭，意宁康以后必有，时堵塞之故。《桓元传》云又开广莫门，桓元平后当复堵基[3]，故宋永初中可改台城之平昌门为

---

① 宋纪独载：系指《宋书》卷五《文帝纪》。
② 王昙首传：及下文《昙首传》，系指《宋书》卷六十三《王昙首传》。
③ 桓元平后当复堵基："基"当为"塞"之误，形近致误。

广莫而不嫌复。至宋元嘉二十五年，都城北又新作广莫门，故改台城之广莫门为承明。此虽属想当然语，要非如此立说，则诸史凡言广莫门者，皆龃龉不相合矣。《建康志》表三亦云，帝观兵广莫门。而"门阙"条"古都城门"之末引此又云帝观兵于广阳门。

《桓元传》①：又开东掖、平昌、广莫及宫殿诸门，皆为三道。按：此系晋安帝元兴三年，桓元伪号永始二年也。

《宋书·文帝本纪》：元嘉二十五年夏四月乙巳，新作阊阖、广莫二门。《南史》同，《建康实录》《建康志》表四《金陵新志》表上并云新作阊阖、广莫等门。按：诸史新作云者，盖本有是门而改为之，犹《春秋》新作南门、新作雉门及两观之义也。胡文定传曰：言新者，有故也；言作者，创始也。使本无是门而创始于元嘉二十五年，则书作宜矣，何新之有？且自元嘉以前诸史凡言广莫门者何以解之？又《建康实录》于晋孝武帝太元十六年冬十月书新作朱雀门②，于宋孝武帝大明六年夏四月又书新作朱雀门。按：朱雀门又名大航，故《宋书》《南史》皆云新作大航门。自二帝以前，朱雀屡见于史，则新作非创始又一证。或曰诸史所言广莫门，安知非台城之平昌门后改为承明门者乎？曰：否否！谓广莫即平昌，《晋桓元传》既言平昌，不当又言广莫也。谓广莫即承明，《建康实录》凿东渠注既言承明，不当又言广莫也。以平昌、承明与广莫并言，则广莫之为都城北门无疑矣，新作之非创始亦明矣。

《南郡王义宣传》：及臧质自白下上趋广莫，劝令焕杀恢等，焕乃解其桎梏，率所领数十人与恢等向广莫门欲出。按：文帝元嘉三十年，元凶劭弑立，义宣起义。劭收义宣子恢、恺等，使沈焕防守之③。焕密有归顺意，与恢等欲出，为门者所拒，焕言之，亦值臧质至，因得出。

---

① 桓元传：系指《晋书》卷九十九《桓玄传》。下条《晋桓元传》同。
② 晋孝武帝太元十六年：翁氏抄本"太元"皆作"大元"，今按惯例统一改为"太元"。以下径改，不一一出校。
③ 使沈焕防守之："防"，翁氏抄本误作"附"，据《宋书》卷六十八《南郡王义宣传》改。

《臧质传》：世祖至新亭即位，使质率所领自白下步上，直至广莫门，门者不守。按：此与上条系一事。

《元凶劭传》：臧质大军从广莫门入，同会太极殿前。《南史》同。此与上二条系一事。按：《建康志》"门阙"条《金陵新志》"台城图考""古都城门"下并云臧质从广莫门入。

《南齐书·五行志》：永元中童谣云：七九六十三，广莫人无余。崔慧景攻台，顿广莫门，死时年六十三。

《梁书·侯景传》：大宝元年十月，盗杀武林侯谘于广莫门。按：《南史》见谘本传，附《鄱阳忠烈王恢传》后，云简文即位，景周卫转严，谘不忍离帝，贼恶之，令其仇人刁戍刺杀谘于广莫门外。

《建康实录》：吴太祖赤乌四年冬十一月，诏凿东渠，名青溪，通城北堑。潮沟①。注：潮沟东发青溪，西行经古都承明、广莫、大夏等三门。按：《建康志》《金陵新志》"沟渎"条"潮沟事迹"引此，"经古"下无"都"字。又按：承明是台城北门，其都城则广莫门以西尚有宣平门，方至大夏门也。

《晋孝武帝纪》②：太宗咸安二年冬十一月，妖贼彭城卢悚自广莫门入殿庭。按：《晋书·孝武帝纪》但云妖贼卢悚晨入殿庭，而无"广莫门"三字。但晋成帝已观兵于广莫门，则此门久有之。此与《晋书》详略异耳。若如成帝《实录》观兵广阳门注，谓晋时未有广莫门，则《实录》此条不亦误耶！注与正文不照如此。梁武帝大通元年帝创同泰寺注：寺南与台城隔，抵广莫门内路西。《景定建康志》表六梁武帝太清二年十一月，邵陵王纶入援京师，赵伯超曰，若从黄城大路，必与贼遇，不如径指钟山，

----

① 通城北堑潮沟："潮沟"，翁氏抄本均作"朝沟"，按所引《建康实录》文及其他各书改。以下径改，不一一出校。

② 晋孝武帝纪：系指《晋书》卷九《孝武帝纪》。

突据广莫门，围解必矣。纶从之。《金陵新志》表上并同。贼谓侯景也。按：《梁书》《南史》邵陵携王纶传，皆载此事，而无突据广莫门语。"镇市"条云，苑市在广莫门内路东。《金陵新志》同。"道路"条"黄城大路考证"与表六同。《金陵新志》亦同。

次西　宣平门

《景定建康志》"门阙"条"古都城门"：案《宫苑记》，北面次西曰元武门，门三道。齐改名宣平门，北直趋元武湖大路。

《至正金陵新志》"古都城门注"与《建康志》并同。

考证

《陈书·南康愍王昙朗子方泰传》：太建十一年八月[①]，高宗幸大壮观，因大阅武，登元武门，亲宴群臣以观之。按：《南史》同。《建康实录》但言八月丁卯于大壮观阅武，而不言登元武门。《六朝事迹编类》"大壮观山"条则云登真武门。《建康志》"古都城"门之末附载此事。又"山阜"条"大壮观山"引之，亦并作登真武门。《金陵新志》"山阜"条则云登元武门。

最东　延熹门

《景定建康志》"门阙"条"古都城门"：案《宫苑记》，北面最东曰延熹门，南直对清明门，当二宫中大路。

《至正金陵新志》"古都城门注"与《建康志》并同[②]。

---

① 太建十一年八月：翁氏抄本"太建"皆作"大建"，今按惯例统一改为"太建"。以下径改，不一一出校。

② 建康志：翁氏抄本作"建康"，脱"志"，据上下文补。

考证　无

最西　大夏门

《景定建康志》"门阙"条"古都城门"：按《宫苑记》，北面最西曰大夏门，南直对广阳门，北对归善寺门。

《至正金陵新志》"古都城门注"与《建康志》并同[①]。

考证

《建康实录》：吴太祖赤乌四年冬十一月，诏凿东渠，名青溪，通城北堑。潮沟。注：潮沟东发青溪，西行经古都承明、广莫、大夏等三门外，西极都城墙，对今归善寺西南角。按：《建康志》《金陵新志》"沟渎"条"潮沟事迹"并引此，详见前北捷门条。《景定建康志》"镇市"条云，北市在大夏门外归善寺前，宋又立。按：《金陵新志》同。

东面二门

中　建阳门

《建康实录》修六门注：正东面建春门，后改为建阳门，门三道。

《景定建康志》"门阙"条"古都城门"：按《建康实录》注，见上。又案《宫苑记》，东面最北曰建春门。按：建春门特在东阳门之北耳，不可云最北也，从《实录》注作正东为是。陈改为建阳门。按：此句误甚。晋成帝时已有建阳门之名，见《晋书·庾亮传》。其后宋、齐、梁《书》《南史》《建康实录》皆屡言

---

① 建康志：翁氏抄本作"建康"，脱"志"，据上下文补。

建阳，不言建春。盖此门晋已改名①，自宋迄陈皆因之，何云至陈始改乎！西对西明门，即台城前横街。又《实录》云正东曰建春门，正西曰西明，《宫苑记》乃在东西面之最北，按：最字有语病。其最南又有东阳、阊阖二门。盖《实录》都城止六门，而《宫苑记》之门乃十有二。"古建春门"云，台城正东面门，按：此句误，此都城正东面门也。后改为建阳门。《文选》按：文，本误作"又"，"选"字缺，今从《金陵志新》补正。谢希逸《宋孝武宣贵妃诔》曰②，经建春而右转，循阊阖以迤度。

《至正金陵新志》"古都城门注·古建春门注"与《建康志》并同，但"又缺"二字作"文选"。

考证

《晋书·安帝纪》：义熙六年五月乙丑，广武将军刘怀默屯建阳门。按：《建康实录》同。又按：是年卢循反，王师再败，循至淮口，内外戒严。

《庾亮传》：峻乘胜至于京都，诏假亮节都督征讨诸军事，战于建阳门。按：《成帝纪》咸和二年十一月，祖约、苏峻等反，此《传》言亮与峻战，当系三年二月事。下文言亮携其三弟怿、条、翼南奔温峤，即《帝纪》所言携其诸弟奔寻阳也。时温峤救京师，次寻阳。

《宋书·武帝本纪》：晋安帝义熙六年五月，广武将军刘默屯建阳门外。按：此与上《晋书·安帝纪》系一事，但《晋书》作"刘怀默"，而无"外"字。

《五行志四》：宋顺帝升明三年二月二十四日丙申，震建阳门。按：《南史》及《建康实录》并见。《顺帝本纪》丙申下皆有"地"字，《建康志》表五、

---

① 盖此门晋已改名："已"，翁氏抄本作"以"，据理改正。
② 谢希逸宋孝武宣贵妃诔："孝"，翁氏抄本误作"考"，据《文选》卷五十七所录谢希逸撰《宋孝武宣贵妃诔》改。

《金陵新志》表上亦并作地震建阳门。又《建康志》"灾祥"条云,齐建元元年二月地震建阳门,殊误。盖建元元年固即升明三年,而二月内宋尚未禅位,不得遽称齐建元也。

《元凶劭传》:劭先遣龙骧将军陈叔儿东讨,事急,召还。是日始入建阳门,遥见官军,所领并弃仗走。

《南齐书·竟陵文宣王子良子昭胄传》:子恪奔归,二更达建阳门。 按:《南史》见《子恪传》,附《豫章文献王嶷传》后,云尔夕三更,子恪徒跣奔至建阳门。盖王敬则反,以奉子恪为名,始安王遥光劝上诛高武诸子孙,期三更当杀之,会子恪至,诸侯悉免死。考《明帝本纪》,此永泰元年四五月间事也。

《梁书·邓元起传》:中兴元年,按:中兴是齐和帝年号。大军进至京邑,元起筑垒于建阳门,与王茂、曹景宗等合长围。 按:《建康实录》邓元起传云,高祖起义,率众与高祖会夏口,至京师,筑垒于建阳门外。

《吕僧珍传》:妖贼唐瑀寇东阳,太祖率众东讨,使僧珍知行军众局事。僧珍宅在建阳门东,自受命当行,每日由建阳门道,不过私室。 按:《南史》妖作"祅",瑀作"寓",寓下有"之"字,太祖作"文帝",余并同。又按:《南齐书·武帝本纪》此事在永明四年春正月,亦作唐寓之反,害东阳太守萧崇之。又云陈天福坐讨唐寓之烧掠百姓,弃市。则《梁书》作唐瑀非也,当从《南史》作唐寓之。

《刘季连传》:天监四年正月,因出建阳门,为蜀人蔺道恭所杀①。 按:《南史》季连传附《宋营浦侯遵考传》后,道恭二字作"相如"。《梁书》云,季连在蜀杀道恭父,道恭出亡,至是而报复焉。《南史》则云季连在蜀杀其父,变名走建邺,至是报焉。

《南史·陈后主本纪》:祯明二年,青龙出建阳门。 按:《建康

---

① 为蜀人蔺道恭所杀:"恭",翁氏抄本误作"泰",据《梁书》卷二十《刘季连传》、《南史》卷十三《营浦侯遵考传》及注文改。

实录》《建康志》表七《金陵新志》表上并同。又《建康志》"灾祥"条亦载此。

《景定建康志》"山阜"条"钟山事迹":山谦之《丹阳记》曰,出建阳门望钟山与覆舟,似上东门首阳之与北邙也。

《文选·宋孝武宣贵妃诔》曰:经建春而右转。李善注:《河南郡境界簿》曰,洛阳县东城第一建春门。按:谢希逸《诔》文谓丧车经建春者,指建康都城建春门言也,李注以洛阳城门释之,殊混。

南　东阳门

《景定建康志》"门阙"条"古都城门"按《宫苑记》,东面最南曰东阳门,直青溪桥巷,即今湘宫寺门路。

《至正金陵新志》"古都城门注"与《建康志》并同。

考证

《至正金陵新志》"宫署"条"六朝宫城注"《宫苑记》兰台在杜姥宅东南端门街,东逼东阳门横街。

西面二门

中　西明门

《建康实录》修六门注:正西面西明门,门三道,东对建春门,即宫城大司马门前大街也。

《景定建康志》"门阙"条"古都城门":按《建康实录》注,见上。但大街作"横街"①。又按《宫苑记》,面西最北按:西明门特在闾阖门

---

① 原文"但"为大字,作正文,据文义当是自注,今改小字。

之北耳,不可云最北也。从《实录》注,作正西为是。曰西明门^①,按:坊本作西门,误^②,今从《金陵新志》改正。直对建阳门,即大司马门前横街是。"古西明门"云,台城正西面门也。按:此句误,此都城正西面门也。

《至正金陵新志》"古都城门注·古西明门注"与《建康志》并同。

考证

《晋书·五行志上》:义熙十年五月戊寅,西明门地穿,涌水出,毁门扇及限。按:《宋书·五行志四》亦载此条,而扇字作"扉"。

《五行志下》:安帝义熙十年五月戊寅,西明门地穿,涌水出,毁门扇及限。按:此与上条系一事而再见。又按:《宋书·五行志五》亦载此条,而扇字作"房"。

《宋书·武帝本纪》:时,徐羡之住西州,尝幸羡之,便步出西掖门,羽仪络绎追随,已出西明门矣。按:《南史》《建康实录》并同。《建康志》《金陵新志》"城阙"条"古西明门"下所载亦同。

《徐羡之传》:且诏召羡之,行至西明门外。按:《南史》云,尔日诏召羡之,至西门外。据此,则《宋书》且字当系"日"字之讹。上文"庶几治道"为句,尔字亦当属下。《南史》至西下亦脱"明"字,宜更觅善本校之。《建康志》表四云:是日,诏召羡之、亮、羡之行至西明门外。又按:此文帝元嘉三年欲诛羡之及傅亮、谢晦,故召之,羡之不应召,出郭至新林,自到死。

《元凶劭传》:濬率左右数十人与南平王铄于西明门出,俱共南奔。《南史》同。按:始兴王濬附劭,劭为高禽所执,故濬南奔。

《梁书·陈伯之传》:伯之顿篱门,寻进西明门。按:《建康志》

---

① 面西最北曰西明门:"面西"或为"西面"之误。
② 坊本作西门:翁氏抄本在"西门"下衍一"门"字,作"西门门",据文义删。

表五《金陵新志》表上并云陈伯之屯西明门,此系齐东昏末高祖起义伯之初附时。

《陈书·高祖本纪》:景与百余骑弃稍执刀,左右冲阵,阵不动,景众大溃,逐至西明门。按:此梁简文大宝三年实元帝承圣元年也。侯景不敢入台而遁,高祖遣刘本仁献捷于江陵。嗣徽等攻冶城栅,高祖领铁骑精甲出自西明门袭击之,贼众大溃。按:此梁敬帝绍泰元年十一月甲辰也。先是,徐嗣徽以北齐入寇,高祖命徐度于冶城寺立栅。又按:《南史》云周铁武[《陈书》作"虎"]率舟师断齐运输,帝领铁骑自西明门袭之,齐人大溃。又按:《建康实录》此见《梁敬帝纪》,云霸先令周铁虎率舟师断齐运输,霸先自领精骑出西明门以袭齐军。《建康志》表六《金陵新志》表上亦系此于梁绍泰元年,而语与《陈书》略同。又《建康志》"城阙"条"冶城考证"《金陵新志》"冶城图考"亦载之。

《建康实录》吴太祖嘉禾元年侍中《是仪传》:宅在西明门外,甚卑陋。按:《建康志》《金陵新志》"祀先贤"条①,吴侍中、尚书仆射是子羽名仪,宅在西明门。又《建康志》"第宅"条云②:是仪宅,在西明门台城之西。"考证"引《吴志》云:宅在西明门,甚卑陋。误也《吴志》无此语。《金陵新志》"第宅"条但云是仪宅在西明门,台城之西最北门也。

赤乌四年冬十一月,诏凿东渠,名青溪,通城北堑。潮沟。注:潮沟东发青溪,西行极都城墙,南出经閭阖、西明等二门,接运渎,流入秦淮。按:《建康志》《金陵新志》"沟渎"条"潮沟事迹"并引此。

《宋沈庆之传》③:庆之居在西明门外,有宅四所。按:西明,《宋书》《南史》并作清明,详清明门条。

---

① 祀先贤:"祀",翁氏抄本误作"祝",据《景定建康志》卷三十一《儒学志·祀先贤》《至正金陵新志》卷九《学校志·祀先贤》改。
② 第宅条云:翁氏抄本作"第宅第条云",后一"第"字衍,据《景定建康志》卷四十二《风土志一·第宅》删。
③ 宋沈庆之传:系指《宋书》卷七十七《沈庆之传》。

南 阊阖门

《景定建康志》"门阙"条"古都城门"按《宫苑记》，面西最南曰阊阖门①，西直对东阳门。按：西直误，当作"东直"。

《至正金陵新志》"古都城门注"与《建康志》并同。

考证

《晋书·康帝纪》：成帝咸康八年秋七月景辰，葬成皇帝于兴平陵。帝徒行至阊阖门。《建康实录》同。盖此门作于咸和五年之后，故是年止言修六门，而此又有阊阖门也。或曰台城南面端门始亦名阊阖门，则史所谓徒行至阊阖门者，安知非台城南门，而子乃属之都城西门乎？使康帝徒行至都城西门，不太远而甚劳乎？曰：否否！《南史·齐郁林王本纪》云，武帝梓宫下渚，帝于端门内奉辞。史著此言，以见此亦郁林王不孝致废之一端也。康帝为东晋贤主，故《本记》赞曰：坠典方兴，降龄奚促。且东晋十一帝，惟康帝之葬其兄成帝也，亲奉奠于西阶，既发，引徒行至阊阖门。一周以后，有司请改素服，御进膳如旧，而帝犹以君亲相准，诏弗许。则其天性过人远矣！使其送葬徒行仅至台城南门，则中主皆能之，何足以见康帝之贤乎！且自西堂至都城阊阖门，约不及五里，又乌见其太远而甚劳乎！

《宋书·武帝本纪》：刘藩死于间阖之内。按：间、内二字误《元经》薛传及《南史》皆云刘藩死于阊阖之门②。又按：此晋安帝义熙十一年韩延之报司马休之书中语也。

《文帝本纪》：元嘉二十五年夏四月乙巳，新作阊阖、广莫二门。《南史》同③《建康实录》《建康志》表四《金陵新志》表上并云新作阊阖、广莫等

---

① 面西最南曰阊阖门："面西"或为"西面"之误。

② 刘藩死于阊阖之门："阊阖"，翁氏抄本作"间阖"，据《南史》卷一《宋武帝纪》、《宋书》卷二《武帝纪下》、《晋书》卷三十七《韩延之传》改。

③ 南史：翁氏抄本误作"内史"，据前后文改。

门。按：阊阖门于是年新作，而晋成帝咸康、安帝义熙时已两言阊阖门，则阊阖门非宋文帝始增立也。益可证新作乃改为，非创始矣。

《孝武帝本纪》：大明五年闰月丙申，初立驰道，自阊阖门至于朱雀门。《南史》同。《建康实录》则云自阊阖门抵大航北。《建康志》表四、《金陵新志》表上与《实录》同。盖朱雀门亦名大航门也[①]。按：《六朝事迹编类》"驰道"条云，宋孝武帝作驰道，自阊阖北出承明，抵元武湖，十余里，为调马之所也。张氏此条改前史，误甚。阊阖乃都城西门，自此门东南行，可抵朱雀门，不得至承明门也。张氏盖误认此阊阖为台城之端门，然自端门至承明门，系内宫之地，不可以调马也。且《宋书·前废帝本纪》云，大明八年闰五月庚申即皇帝位，秋七月乙卯，罢南北二驰道。永光元年八月己丑，复立南北二驰道。盖自阊阖门抵朱雀门，南道也。自承明门至元武湖，北道也。张氏并作一道，不已昧欤！马野亭诗云：南城来到北城隅，更北直趋元武湖。其误与张氏同。或曰《建康志》《金陵新志》"街巷"条"古御街"云，自端门出为驰道。端门即阊阖门，故杨虞部诗有云"路平如砥直如弦"，是阊阖门当系台城之端门，乃与朱雀门相直。曰：否否！此特取其斜直，非必取其正直也。如元武湖在宣平门外，自承明门至元武湖，由东南之西北，亦斜直，非正直也。且台城端门与津阳门相直，津阳之西为宣阳门，乃与朱雀门相直。自端门至朱雀门，亦非正直。又此系街道，毂击肩摩，断不可作驰道也。况自晋至宋，都城西面已有阊阖门，则台城南门不复名阊阖也。

《礼志五》：阊阖、司马城门候，铜印墨绶，朝服武冠。

《元凶劭传》：劭腹心白直同诸逆先屯阊阖门外，并走还入殿。《南史》同。但同诸二字作"诸同"。按：《建康志》"门阙"条"古都城门"、《金陵新志》"台城图考""古都城门注"并载之，皆云同逆先屯阊阖门外。

《建康实录》：吴太祖诏凿东渠，名青溪，通城北堑。潮

---

① 朱雀门亦名大航门："朱雀门"，翁氏抄本误作"朱省门"，据理改。

沟。注：潮沟东发青溪，西行极都城墙，南出经阊阖、西明等二门，接运渎，流入秦淮。按：《建康志》《金陵新志》"沟渎"条"潮沟事迹"并引此。又云东自平昌门西出，经阊阖门注运渎。

《景定建康志》"道路"条"宋帝驰道"云：自阊阖门至于朱雀门，为南驰道，又自承明门至元武湖，为北驰道。《金陵新志》"道路"条同。

《文选·宋孝武宣贵妃诔》曰：循阊阖以迳度。李善注：晋宫阁名，曰洛阳城阊阖门。按：谢希逸《诔》文谓丧车过阊阖者，指建康都城阊阖门言也，李注以洛阳城门释之，殊混。

卷三　台城　台城门

台城

《建康实录》:吴太祖黄龙元年初,吴以建康宫地为苑。赤乌三年十二月,使左台侍御史郄俭监凿城。注:按,建业宫城即吴苑城。太安晋惠帝年号二年,冰因修建邺宫居之。按:是年夏五月,义阳蛮张昌举兵,号汉使将军。石冰寇扬州,诸郡尽没,冰因修建邺居之。晋成帝咸和四年兵火之后,宫阙荒残,帝居止兰台,甚卑陋,欲营建平园。按:咸和二年十一月苏峻反,至三年九月峻为李阳所斩,四年二月峻党始平,故云兵火之后。

五年九月作新宫始缮苑城注:按,苑城即建康宫城。又注:苑城即吴之后苑也,一名建平园。

七年冬十一月新宫成署曰建康宫亦名显阳宫注:按《图经》,即今之所谓台城也,今在县城东北五里,周八里,有两重墙。按:《建康志》"古宫殿"条《金陵新志》"宫署"条"晋建康宫"下并引此,但县上有"江宁"二字。十二月,帝迁于新宫。

晋孝武帝太元三年春正月,尚书仆射谢安石以宫室朽坏,启作新宫。帝权出居会稽王第①。按:作新宫以下,《建康志》表三《金陵新志》表上同,但第字作"邸"。秋七月,新宫成,内外殿宇大小

---

① 出居会稽王第:"第",翁氏抄本作"弟",据《建康实录》卷九太元三年春正月条及文下自注改。

三千五百间,帝居新宫。《建康志》表三、《金陵新志》表上并同。

《景定建康志》"辨建邺"条注龙川万言书云:臣尝问之钟阜之僧,亦能言台城在钟阜之侧。

"古城郭"条"古都城考证":按《宫室记》,吴大帝迁都建邺,有曰台城,盖宫省之所寓也。台城一曰苑城,本吴后苑城,晋成帝咸和中,新宫成,名建康宫,即今所谓台城也。在上元县东北五里,周八里,濠阔五丈,深七丈。今胭脂井南至高阳井楼基二里,即古台城之地,尽为军营及居民蔬圃。旧《志》。考证《实录》注,苑城即建康宫城,吴之后苑地,一名建平园。又云,台城南正中大司马门①,南对宣阳门,相去二里。宣阳即苑城,则台城在苑城内明矣。按:此二句误甚,与上所引《实录》注下所引《宫苑记》《舆地志》皆不合。盖宣阳乃都城门,非苑城门,不可云在苑城也。台城即苑城,不可云在苑城内也。《宫苑记》云古台城即建康宫城,本吴后苑城,晋咸和中修缮为宫。《舆地志》云都城南正中宣阳门,对苑城门。按:此二句明晰之至,周氏引此,而复有宣阳即苑城之误,何哉! 其南直朱雀门,正北面宫城,无别门,乃知苑城即宫城,在都城内近北明矣。按:此二句亦明晰之至,周氏引此,而复有台城在苑城内之误,何哉! 又云同泰寺与台城隔路,今法宝寺及圆寂寺即古同泰寺基,故法宝亦名台城院。以此考之,法宝圆寂寺之南盖古台城也。

"古宫殿"条"吴太初宫"云:晋元帝渡江,因吴旧都即太初宫为府舍,及即位,称为建康宫。按:此句误。考《建康实录》吴太祖黄龙元年城建邺太初宫居之,宫即长沙桓王故府也,今在县东北三里,晋建康宫城西南。据

---

① 台城南正中大司马门:翁氏抄本脱"中"字,据《景定建康志》卷二十《城阙志一·台城考证》补。

此，则吴太初宫在西南，晋建康宫在东北，显系两地。周氏乃合而一之，谓晋称太初宫为建康宫，其误不已甚欤！又按：《建康志》表二于赤乌十年既云改太初宫，又云诏移武昌材瓦缮建业宫，一宫也，而二名并举。似支《金陵新志》表上云改作太初宫，移武昌材瓦为之，则明确矣。"考证"：《江表传》载权诏曰，建康宫乃朕从京来所作将军府寺耳。按此，是吴大帝尝称太初宫为建康宫，非晋元帝称吴太初宫为建康宫也。晋建康宫亦名新宫，非吴新宫。在法宝寺之南，今在府北五里。旧《志》。

《至正金陵新志》"台城古迹图考""城阙宫署志"与《建康志》"古城郭""古宫殿"二条并同。按：《宫室记》四句，见"城阙宫署志·古都城注"，台城一曰苑城至①，盖古台城也。见《台城古迹图考》后。吴太初宫至在法宝寺之南，见"城阙宫署志"，惟今在府北五里句，作在今台治北五里。

考证

《三国吴志》：黄龙元年秋九月②，权迁都建业，因故府不改馆。按：故府即孙策为长沙王府，权居之。《建康实录》谓之太初宫，在台城之西南。盖是时台城尚称苑城，《实录》所云吴以建康宫地为苑是也。

《晋书·孝惠帝纪》：太安二年秋七月，昌别帅石冰寇扬州，刺史徽与战，大败，诸郡尽没。按：此即《实录》所云冰修建邺宫居之二时③。昌，张昌也。

《成帝纪》：咸和四年，时兵火之后，宫阙灰烬，以建平园为宫。按：此即《实录》所云欲营建平。五年九月，造新宫，始缮苑城。

---

① 台城一曰苑城至：所引《至正金陵新志》卷一《地理图》、卷十二《古迹》均无句末"至"字，或为衍字。
② 三国吴志："志"，翁氏抄本误作"治"，据理改。
③ 此即实录所云冰修建邺宫居之二时："二"，疑为衍字。

七年十二月庚戌,帝迁于新宫。按:此二条即《实录》所本。

《孝武帝纪》:太元三年春二月乙巳,作新宫,帝移居会稽王邸。按:《实录》作正月,与此异。盖谢安启作新宫在正月,而作之实在二月也。秋七月辛巳,帝入新宫。按:此亦《实录》所本。

《景定建康志》"池塘"条:濛汜池在台城内。《金陵新志》同。"井泉"条:景阳井,一名胭脂井,又名辱井,在台城内。龙天王井,在台城前。《金陵新志》并同。

"古宫殿"条"宋亲蚕宫考证":《隋志》,江左至宋大明始于台城西白石垒为西蚕设兆域①。《金陵新志》"宫署"条同。晋清暑殿在台城内。齐芳乐殿、灵和殿,梁五明殿、披香殿、凤光殿、光华殿、宝云殿、求贤殿并在台城内。《金陵新志》并同。宋于台城立正福、清曜等殿。又台城温德门内有永正、温文、文思、寿安等殿。又陈永定中于台城起昭德、嘉德、寿安、乾明、有觉等殿。按:寿安,复上文,《金陵新志》于文思下无"寿安"二字。又台城温德门内起三善、长春、胜辩等殿,又有嘉禾、崇政、承香、柏梁、延昌、神仙、永寿、七贤、璇明、延务、龙光、至敬、璇玑、光昭、大政、柏香诸殿。《金陵新志》同。

"楼阁"条:青漆楼在台城内。

"堂馆"条:乐贤堂旧在台城内。

"台观"条:日观台,一名司天台,在台城内。齐云观,在古台城内②,陈建,后废。

---

① 隋志江左至宋大明始于台城西白石垒为西蚕设兆域:"隋志",系指《隋书》卷七《礼仪志二》。《隋志》系于大明四年。又,"白石垒",《隋志》作"百石里"。
② 在古台城内:"古",翁氏抄本误作"右",据《景定建康志》卷二十三《城阙志·台观》改。

"园苑"条：古华林园，在台城内，本吴旧宫苑也。按：楼阁条至此《金陵新志》皆附"宫署"条，其文略同。

《至正金陵新志》"宫署"条"六朝宫城注"：《故事》，三台在台城东南一里。

《元和郡县图志》"江南道润州上元县"云：晋故台城在县东北五里。成帝时，苏峻作乱，焚烧宫室都尽，温峤以下咸议迁都，惟王导固争不许。咸和六年，使王彬营造，七年，帝迁于新宫，即此城也。

《太平御览》"居处部·殿"：建康宫，《殿簿》云，宋于台城立正福、清曜等殿。又云，梁于台城中立鲁城观。又云，陈永初中，于台城中起昭德、嘉德、寿安、乾明、有觉等殿。又云，台城温德门内又起三善、长春、胜辩等殿。又云，凤光殿在县东北五里一百步旧台城内。又云台城中有丽谯阁、丽日殿、飞香三重阁。又云台城温德门内有永贞、温文、文思、寿安等殿。按：寿安，复上文《舆地志》云，丹阳郡建康县台城华光殿，梁武帝大通中毁，施与草堂寺，洗取诸货，直百万，以其地起重阁九间。又云，丹阳郡建康县台城宝云殿，梁武帝以施佛事。又云，丹阳郡建康县台城惠轮殿，梁武帝亦供养佛。

又"居处部·观"：《舆地志》云，丹阳郡建康县台城齐文惠太子治园圃，有明月观，婉转徘徊，廊圃内作净明精舍。《建康宫阙簿》云，通天观在县东北五里一百步旧台城内，宋元嘉中筑蔬圃。

又"城阙部·城"：《吴书》曰，建康宫城即吴苑城。

《六朝事迹编类》"总叙·六朝宫殿"云：晋琅琊王渡江镇

建业,因吴旧都修而居之,即太初宫为府舍。及即帝位,称为建邺宫。按:此句误。与《建康志》同。"太初宫"条云:在晋建康宫城西南,即台城之西南也。按:此二句明晰之至。

台城门

《建康实录》晋成帝咸和七年冬十一月:新宫成,署曰建康宫,亦名显阳宫。开五门,南面二门,东西北各一门。《建康志》表三、《金陵新志》表上并同。

《景定建康志》"古城郭"条"台城考证":《舆地志》云,台城南面开四门,北面二门,按:此二句与《实录》不同,盖宋以后增立三门耳。东、西面各一门。

"门阙"条"古建康宫门":晋成帝咸和七年,新宫成,名曰建康宫,开五门,南面二门,东、西、北各一门。按:此数句与《实录》并同。又见"古宫殿"条"晋建康宫考证"。又宋元嘉二年于台城东、西开万春、千秋二门。按《宋书·文帝本纪》,此系元嘉二十年春正月事,非二年也。《建康志》表四本系此于元嘉二十年,而《金陵新志》表上因之,则"二"下当脱"十"字。又按:万春、千秋二门,实在第三重宫墙东西,而《宋书》系之于台城者,盖城台在晋宋时每统言新宫建康宫、建邺宫,故第三重宫城亦得统言台城也。详见后第三重宫墙条。又陈宣帝太建二年改作云龙、神武二门。按:此二年亦误。考《陈书》《南史》及《建康实录》,并系此于太建七年六月①,惟《陈书》《南史》云己酉,而《实录》误作乙酉。盖己乙字相似而传写误耳。《实录》注言此是第二重宫墙门,则亦非台城门。又按《宫苑记》,晋成帝修新宫,南面开四门。按:《实录》新宫南面晋成帝止开二门,

---

① 并系此于太建七年六月:"此于",翁氏抄本作"于此",倒误,今正。

而此云开四门，与《实录》异。盖误以宋后增立之门并为成帝所开耳。辨见后。

《至正金陵新志》"台城注"与《建康志》"古城郭"条同。"古建康宫门"条及注文与《建康志》"门阙"条同。按：新宫成，开五门云云，亦见"宫署"条"晋建康宫注"。

南面四门

中　大司马门

《建康实录》新宫成注：按《修宫苑记》，建康宫五门，南面正中曰大司马门，世所谓章门，拜章者伏于此门待报。南对宣阳门，相去二里，夹道开御沟，植槐柳，世或名为阙门。

《景定建康志》"辨建邺"条注：龙川万言书云，大司马门当在今马军新营之傍。

"门阙"条"古建康宫门"：按《建康实录》注，见上。又按《宫苑记》，南面正中曰大司马门，门三道[①]，起三重楼，直对宣阳门。"古大司马门"云，在宣阳门内。《三国典略》侯景攻台城，烧大司马门[②]，后阁舍人高善宝以私金千两赏其战士，直阁将军宗思领将士数人逾城，出外洒水，久之，火灭。景又遣持长柯斧入门，下斧，门将开，羊侃凿扇为孔[③]，以槊刺倒二人，斫者乃退。按：《梁书》《南史》《侯景》《羊侃传》，景所遣持斧斫门者，乃东掖门，非大

---

① 南面正中曰大司马门门三道：翁氏抄本原作"南面正中曰大司马门二三道"，"二"是上一字重复符号，今据理正之。

② 侯景攻台城烧大司马门："烧大司马门"，翁氏抄本误作"烧入司马门"，据《建康志》卷二十《城阙志一·门阙》改。

③ 羊侃凿扇为孔：《梁书》卷五十六、《南史》卷八十《侯景传》均作"羊侃凿门扇"。

司马门也。

《至正金陵新志》"古建康宫门注·古大司马门注"与《建康志》"门阙"条并同①，但"烧入"二字作"大"，两"阁"字皆作"閤"。

考证

《晋书·熊远传》：尚书郎卢綝将入直，遇协于大司马门外。按：此系元帝时②。协，刁协也。协醉，使綝避之，綝不回，协令威仪牵捽綝堕马，远奏免协官。

《宋书·礼志五》：阊阖、司马城门候，铜印墨绶，朝服武冠。

《梁书·武帝本纪》：天监七年春正月戊戌，作神龙、仁虎阙于端门、大司马门外。《南史》同，但作上有"诏"字，虎作"兽"。

《朱异传》：八月，景遂举兵反，以讨异为名。募兵三千人，及景至，仍以其众守大司马门。按：此系武帝太清二年事。景，侯景也。先是，侯景归降，异请纳之。魏相高澄欲更和睦，景累启绝和。异又以和为允，高祖从之，故景遂反。

《侯景传》：景于是百道攻城，持火炬烧大司马、东西华诸门。城中仓卒，未有其备，乃凿门楼，下水沃火，久之，方灭。《南史》略同，《建康志》表六、《金陵新志》表上亦同。

《陈书·高祖本纪》：高祖率宗室王侯及朝臣将帅于大司马门外白虎阙下刑牲告天，以齐人背约。按：《南史》高祖作"帝"，《建

---

① 与建康志门阙条并同：翁氏抄本脱"同"字，据前后体例补。
② 此系元帝时："时"，按文义或为"事"之误，或"时"下脱"事"，然翁氏抄本各处"时""事""时事"互见，存之不改。

康实录》及《建康志》表六并见《梁敬帝纪》，高祖作"霸先"，白虎作"仁虎"。又按：此梁敬帝绍泰二年五月己亥事。先是，徐嗣徽于元年十月以北齐入寇，屡为梁所击破，遂诣高祖请和①，刑牲盟约。本年三月，齐兵十万向梁山，五月至秣陵。

《南史·宋褚炤传》②：彦回子贲往门讯炤，炤问曰："司空今日何在？"贲曰："奉玺绂，在齐大司马门。"按：《南齐书·褚渊传》，渊，字彦回，而《南史》但书彦回，避唐高祖讳也。炤，系彦回从父弟，有高节，常非彦回，身事二代。

《梁贼臣侯景传》③：简文虑人情有变，乃请上舆驾巡城。陆验谏曰："陛下万乘之重，岂可轻脱。"帝乃幸大司马门。《建康志》表六《金陵新志》表上略同。按：景至都，便唱云武帝已晏驾，故简文虑人情有变。

《建康实录》陈武帝永定元年冬十月庚辰：诏出佛牙于杜母宅④，集四部设无遮大斋，帝出大司马门致礼。

《景定建康志》"街巷"条"古御街"云：自大司马门出为御街。《金陵新志》同。

《太平御览》"居处部·门"《丹阳记》：司马门之名起汉世，案《列女传》，钟离春诣齐司马门。⑤《史记》又云，司马欣请争咸阳，留司马门三日⑥。是则名起战国，非独汉也。今又曰公事门，而俗称谢章门也。

---

① 遂诣高祖请和："诣"，翁氏抄本误作"指"，据《陈书》卷一《高祖纪》改。
② 南史宋褚炤传：系指《南史》卷二十八《褚裕之传附从父弟昭传》，翁氏抄本衍入"宋"字，昭作"炤"。
③ 梁贼臣侯景传：系指《梁书》卷八十《贼臣传·侯景》。
④ 杜母宅：《陈书》卷二《高帝纪》作"杜姥宅"。
⑤ 司马门之名起汉世案列女传钟离春诣司马门："案"，翁氏抄本误作"家"；"诣"误作"指"，据《太平御览》卷一八三《居处部·门下》改。
⑥ 留司马门三日："门"，翁氏抄本脱，据《史记》卷七《项羽本纪》补。

次东　端门

《建康实录》新宫成注：南面近东曰阊阖门，后改为南掖门，门三道，世谓之天门。南直兰宫西大路，出都城开阳门。

《景定建康志》"门阙"条"古建康宫门"：按《建康实录》注，见上。又案《宫苑记》，南面次东曰南掖门，宋改阊阖门。按：都城面西最南之门晋宋时已名阊阖[1]，不应此又改名阊阖，使台城、都城异门同名也。《实录》注亦以此为阊阖门者，当系晋初之名，不久即改名南掖。故晋成帝时已有南掖门之名，见《晋书·杜皇后传》。陈改端门，按：此亦见《实录》晋穆帝升平五年注，然非也。详见卷五太阳门条。南直对津阳门，北对应门。"古南掖门"云：宫城南面近东门。按：台城统称宫城。又云南掖门疑即东掖门。按：此说误甚。诸史每言南掖门，又言东掖门，明系二门，岂容并而为一耶。

《至正金陵新志》"古建康宫门注·古南掖门注"与《建康志》并同。按：张氏铉《金陵新志》每直用《建康志》，逐舛依讹，无所是正，其"古南掖门注"独无"南掖门疑即东掖门"句，予且谓其知周氏之误而削之。及阅"古建康宫门注·承明门"下已有东掖，疑即南掖一语，盖移此入彼，而于周氏之误固不知也。

考证

《晋书·安帝纪》：义熙六年五月乙丑，梁王珍之屯南掖门。按：是年卢循反，王师再败，循至淮口，内外戒严。此与前建阳门引《晋安帝纪》系一时事。

《五行志下》：穆帝升平五年二月，南掖门马足陷地，得钟一，有文四字。按：《宋书·符瑞志下》亦载此条，二月下有"乙未"字[2]，得下有"铜"

---

[1]　都城面西最南之门晋宋时已名阊阖："面西"，当为"西面"之倒误。
[2]　二月下有乙未字：翁氏抄本作正文大字，据文义当为注文，改。

字，《建康实录》亦载此条，有注，别见后。《建康志》表三、《金陵新志》表上亦并载之，而有文讹作"有二"。

《成恭杜皇后传》：唯穆渡江，遂亨荣庆，立第南掖门外。

按：《建康实录》见晋成帝咸康七年。又按：穆，杜后母裴氏名，其第即世所谓杜姥宅也。《六朝事迹类编》"杜姥宅"云：初，穆渡江，宅于南掖门外。《建康志》《金陵新志》"第宅"条"杜姥宅考证"，《舆地志》云在端门外，直兰台路东。又云：初，穆渡江，宅于南掖门外，时已寿考，故呼为杜姥。又按：《太平御览》卷一百八十亦引此。

《桓元传》：桓率亲信数千人，声言赴战，遂将其子昇、兄子濬出南掖门。《建康实录》同。《建康志》表三、《金陵新志》表上亦略同，惟《宋书·武帝纪》云元出自西掖门，而《建康志》表四亦载之。按：此晋安帝元兴三年刘裕起义讨元，元从兄谦等诸军一时奔溃，故元出南掖门南奔。

《宋书·胡藩传》：义旗起，元战败，将出奔，藩于南掖门捉元马控。按：此与上《晋书·桓元传》系一时事。元，即桓元也。藩，为元尽节，欲止之，故捉其马控。

《张茂度传》：休范至新亭，大桁不守，前锋逐攻南掖门，永遣人觇贼，既返，唱云台陷城矣，永众于此溃散，永亦弃军奔走。《南史》略同，但张茂度作"张裕"，以名与宋武帝讳同，故称字。按：此后废帝元徽二年桂阳王休范作乱，永屯白下。永，茂度子也。

《蔡兴宗传》：赭圻平，函送袁顗首，敕从登高掖门楼观之，兴宗潜然流涕，上不悦。《南史》同，惟高掖作"南掖"。按：高字误也，作南掖为是。又按：此宋明帝泰始二年事。上年，前废帝被弑，明帝定大事，而袁顗劝晋安王子勋即大位，遣孙冲之等据赭圻。至是，子勋被诛，顗亦为薛伯珍所斩。兴宗是顗舅，故流涕。

《臧质传》：薛安都、程天祚等亦自南掖门入，与质同会太极殿,生擒元凶.《南史》同。此元嘉三十年元凶劭弑文帝,孝武入讨时事。

《始平孝敬王子鸾传》:上自临南掖门,临过丧车,悲不自胜。按:《南史》见《殷淑仪传》。淑仪,孝武帝妃,子鸾母也。大明六年卒,追进为贵妃,谥曰宣,葬给辒辌车,孝武临丧,而悲如此。

《袁粲传》:时兵难危急,贼已至南掖门,诸将意沮,粲慷慨谓诸将帅,辞色哀壮.《南史》同《建康实录》袁粲传云贼至掖门,盖脱"南"字。此后废帝元徽二年桂阳王休范为逆。

《南齐书·东昏侯本纪》:帝乌帽袴褶,备羽仪,登南掖门临望.《南史》同。此永元三年萧衍师已至近郊。

《薛渊传》:太祖登南掖门楼,处分众军,各还本顿,至食后,城门开,渊方得入见。按:《南史》渊作"深",而不载此事。盖薛本名道渊,避齐太祖偏讳改,《南史》则又避唐高祖讳也。又按:此宋顺帝升明元年袁粲见齐太祖威权盛起兵据石头渊率军攻战事平之明旦。

《沈文季传》:与尚书令徐孝嗣守卫宫城,戎服共坐南掖门上.《南史》同,而无"守卫宫城戎服"六字。此东昏永元元年八月始安王遥光反。

《崔慧景传》:慧景烧兰台府署为战场,守卫尉萧畅屯南掖门处分,城内随方应击,众心以此稍安。按:此东昏永元二年裴叔业以寿春降魏,[按《东昏本纪》,叔业已死,降魏者其兄子植也。]遣慧景伐之,慧景反举兵袭京师。

《梁书·武帝本纪》:天监元年五月乙亥夜,盗入南北掖。《南史》同。掖下当有"门"字,观下《张惠绍传》可见。盗,齐东昏余党也。

七年春正月戊戌,作神龙、仁虎阙于端门、大司马门外。《南史》同,但作上有"诏"字,虎作"兽"。《建康志》《金陵新志》"城阙"条"石阙"下引《南朝宫苑记》曰:梁置石阙,在端门外。《文选·石阙铭》刘良注亦云:阙在端门外。按:此端门当为台城之南掖门,非内宫之太阳门也。其证凡十有一:台城南掖门与大司马门相并,此以端门、大司马门并言。一证也。仁虎阙即陈霸先以齐人被背约告天之所①,《陈书·高祖本纪》作白虎阙,《建康实录》亦作仁虎阙。仁虎阙在大司马门外,则神龙阙在端门外可知,左龙右虎,义取相配。二证也。即据《释名》阙在门两旁之说,谓史既合言,不当分属,则端门左为神龙,右为神虎,大司马门亦然。然阙下可以立坛,可以率众,可以刑牲告天,必非内宫严密之地,所以能行。三证也。阙以饰门,在外乃可以肃瞻视,故晋王导且指牛首山以为天阙,即曰此非古制,陆倕铭讥其有欺耳目,杨修诗讥其无稽妄谈,何充亦谓其未明立阙之意,见《梁书》本传。然何休《公羊注》云天子外阙两观,孔颖达《毛诗疏》云宫门双阙,旧章悬焉,使民观之,故谓之观。崔豹《古今注》云,阙,观也,所以标表宫门也。其上可登居,可远观,人臣将朝,至此则思其所阙,故谓之阙。按此皆非可施于内宫之地。四证也。端门外之阙又名石阙,陆倕《铭》云趋以表敬观而知法,设在内宫,人臣不得入,此何以表敬而知法乎。五证也。内宫端门,《建康实录》注云有两塾,不言有两阙。故晋王舒献铜漏刻,成帝诏置端门西塾之西《尔雅·释宫》门侧之堂谓之塾,塾与阙迥异。六证也。内宫端门,梁天监中已改名太阳门,见《武陵王纪传》,则台城南掖门梁天监中亦可改名端门,不嫌相犯。七证也。《南海王传》屯端门②,八证也。《侯景传》百济使号泣于端门外,九证也。《南史》昭明太子统孙栋传华盖出端门,十证也。《六朝事迹》四石阙在台城之门南,十一证也。南海以下四条辨,详下文。《实录》注谓陈始改南掖门为端门,《建康志》引《宫苑记》亦同,其误甚矣。

《杨公则传》:大军至新林,公则自越城移屯领军府垒北楼,与南掖门相对。《南史》同,《建康志》《金陵新志》"城阙"条"古南掖门"下所载亦同。此齐东昏时,梁武平郢城,定江州,直造建邺。

---

① 仁虎阙即陈霸先以齐人被背约告天之所:前文大司马门考证条作"背约",当衍"被"字。

② 南海王传:系指《梁书》卷四十四《南海王大临传》。

《张宏策传》[1]:时东昏余党初逢赦令,多未自安,数百人因运获炬束仗,得入南北掖作乱。按:《南史》云东昏余孙文明作乱,帅数百人,因运获炬束仗得入南北掖门,分入卫尉府,遂害宏策。此即《武帝本纪》所云盗入南北掖门是也。

《张惠绍传》:时东昏余党数百人窃入南北掖门。《南史》同。此与上条系一事。

《南海王大临传》:侯景乱,为使持节宣惠将军,屯新亭。俄又征还,屯端门。按:《南史》但云侯景乱,屯端门,此与《邵陵王纶传》长子坚屯太阳门系一时事。则此端门当实系台城之南掖门。而《建康实录》注谓陈始改南掖门为端门者,误矣。假令此端门即太阳门,则既有萧坚屯之,不当复使大临屯也。或曰安知非坚遇害之后大临继屯乎?曰:非也!《邵陵王纶传》云:太清三年三月,坚书佐董勋华白昙郎,寻以绳引贼登楼,遂陷,[按:《南史》遂陷上有"城"字。]坚遇害。夫侯景攻陷宫城之后,武帝且为景所幽而受馁矣,复容大临领兵屯宫门耶!

《侯景传》:百济使至,见城邑丘墟,于端门外号泣。《南史》同。但据《梁书》,此是太清三年十二月事,《南史》作十一月,为小异耳。又按:是时虽乱,而简文即位已逾八月,侯景又复矫愆肆行,内宫之地,必非他国使者所能号泣。则此端门亦必为台城南掖门,非内宫太阳门也。《南史·简文帝本纪》云太清三年冬十月,按此与《侯景传》又异。百济国遣使朝贡,见城寺荒芜,哭于阙下。阙下者,即天监七年作神龙、仁虎阙于端门、大司马门外是也。此又可证《梁武帝本纪》所言端门即台城之南掖门,而陈改南掖为端门之说愈不足信矣。

《陈书·后主本纪》:祯明三年春正月甲申,韩擒虎率众自新林至于石子冈,任忠出降于擒虎,仍引擒虎经朱雀航趣宫

---

① 张宏策传:系指《梁书》卷十一《张弘策传》,清人避乾隆帝讳改。今存之,下不一一出校。

城,自南掖门入。《南史》《建康实录》并同,但不言甲申日耳。按:是夜,后主为隋军所执,陈遂亡。

《皇太子深传》①:隋将韩擒虎自南掖门入,百僚逃散,深时年十余岁,闭阁而坐,舍人孔伯鱼侍焉。《南史》同。此与上条系一时事。

《任忠传》:隋将韩擒虎自新林进军,忠乃率数骑往石子岗降之②,仍引擒虎军共入南掖门。《南史》同。此与上《后主本纪》系一事而互见。

《南史·徐孝嗣传》:时,孝嗣以帝终乱天常,与沈文季俱在南掖门,欲要文季以门为应,四五目之,文季辄乱以他语,孝嗣乃止。按:此与上《南齐书·沈文季传》系一时事。

《梁昭明太子统孙栋传》③:欻有回风从地涌起,翻飞华盖,径出端门。按本传:即位,升武德殿。《侯景传》云:栋即皇帝位,升太极前殿。则武德殿在太极之前。考《建康志》"古宫殿"条云:太极殿,建康宫内正殿也。既云正殿,不当在内宫之内,则此端门非太阳门矣。本传:欻有回风从地涌起,翻飞华盖。《侯景传》云:有回风自永福省,吹其文物,皆倒折。考《昭明太子统传》,云东宫官属文武皆入直永福省。夫永福省为文武官属入直之所,又不当在内宫之内。则此端门系台城之南掖门而非大阳门矣。参互考之,台城南掖门改名端门,梁也,非陈也。故诸史所言端门,自齐以前皆入太阳门,梁以后皆入此门。

《建康实录》晋穆帝升平五年二月南掖门马足陷地得铜

---

① 皇太子深传:系指《陈书》卷二十八《后主十一子传·皇太子深》。
② 忠乃率数骑往石子岗降之:"石子岗",翁氏抄本"石子冈""石子岗"互见,今从之并存。
③ 梁昭明太子统孙栋传:系指《南史》卷五十三《梁武帝诸子传·昭明太子统附孙栋传》。

钟一有文四字 按:此与《晋书·五行志》同。注:按,南掖门是建康宫南面东门,陈朝改为端门。按:端门当是梁改,非陈改也,辨见上。又按:《建康志》《金陵新志》"城阙"条"古南掖门"下引《实录》及注并同,但有文作"有二"。

《景定建康志》"街巷"条"古御街"云:自端门出,为驰道,端门即阊阖门。《金陵新志》同。按:此说非是,详见前都城阊阖门条。

《至正金陵新志》"宫署"条"六朝宫城注"《宫苑记》,兰台在杜姥宅东南端门街东,逼东阳门横街。

《六朝事迹编类》"石阙"条云:县北五里,有四石阙,在台城之门南,按:此则《梁书》《南史》云作阙于端门,《文选·石阙铭》注云阙在端门外,皆指台城之南掖门,明甚。高五丈,广三丈六寸,按:寸字疑误,恐当作尺。梁武帝所造。侯景作乱,焚烧宗庙,城郭府寺,百无一存。寻高丽、百济等国入贡,见其凋残,遂哭于阙下。

最东　东掖门

《景定建康志》"门阙"条"古建康宫门":案《宫苑记》,晋成帝修新宫,南面开四门,最东曰东掖门,按:此二句误甚。《建康实录》明言建康宫南面二门,注所谓大司马门及南掖门是也。《实录》注又有正东西东掖门西掖门云云,乃指台城之正东面曰东掖门,后改为东华门者,非指台城之南面之东言也。其西掖门亦指台城之正西面而言,后改为西华门者,非指台城南面之西言也。盖台城南面有东、西掖门,当系宋以后所增立,非晋代所置。门三道,南直对兰台路。

"古东掖门"云:最东曰东掖门,最西曰西掖门,其地在今宫城东北。

《至正金陵新志》"古建康宫门注"与《建康志》并同。"古东掖门注"亦同,但今字改作"宋"。

考证

《宋书·元凶劭传》：义恭单马南奔，自东掖门出，于冶渚过淮。东掖门队主吴道兴是臧质门人，冶渚军主原稚孙是世祖故史，义恭得免。 按：此是元嘉三十年四月二十五日事也。元凶弑逆，江夏王义恭被召，恒在左右，不能自拔。世祖入讨劭，出战，败，义恭因奔新林浦，劝世祖即位。又按：东中华门之名亦见《元凶劭传》，则此两言东掖门，必系台城南面之门无疑也。《传》云张超之等数十人驰入云龙、东中华门，《礼志》又有殿中侍御史奏开东中华、云龙门语，为元嘉二十五年闰二月大蒐之礼。总之，东中华门在东，且在云龙门之东，是台城正东面之门，即后所称为东华门者。其名东中华门，以别于西南亦有中华门也。时既改东掖为东中华，亦改西掖为西中华，故《礼志》有廷尉监平分陛东西中华门语，而台城南面遂增置东西掖门可知也。《建康实录》宋元嘉二十五年夏四月新作闻阖、广莫等门。夫"等门"二字所包甚广，岂东、西中华之改名，东掖、西掖之增置亦在斯时欤。或曰增置则创始矣，何云新作？曰：否！台城东西本有东掖、西掖二门，今特移而之南，亦改为，非创始也。此虽史无明文，而元嘉二十五年有东中华门，见《礼志》，非确证欤！且东中华之改名在闰二月以前，东掖门之增置在夏四月，事迹先后亦吻合而无碍。故自元嘉二十五年以后史所言东掖门，悉入此条，是年以前所言东掖门，仍入东华门条。其西掖门仿此，庶为信而有征云。

《南齐书·高帝本纪》：宋帝逊于东邸，备羽仪，乘画轮车，出东掖门。 按：《南史》见《宋顺帝本纪》，《建康实录》则宋顺帝、齐高帝两《纪》并载之，此升明三年夏四月事《南齐书》及《实录》齐纪系此于辛卯，《南史》及《实录》宋纪系此于壬辰，先后一日异耳。然《南齐书》及《实录》齐纪载宋帝策命齐王禅位语，亦在壬辰《建康志》表四从《南史》，系此事于宋顺帝升明三年夏四月壬辰。

《东昏侯本纪》：又虚设铠马斋仗千人①，皆张弓拔白，出东掖门，称蒋王出荡。《南史》同。此永元三年萧衍师已至近郊，与上端门条《东昏纪》一时事。

《梁书·王茂传》：群盗之烧神虎门也，茂率所领到东掖门应赴，为盗所射，茂跃马而进，群盗反走。按：此系武帝天监元年五月乙亥夜，与端门条《梁武帝纪》系一时事。

《杨公则传》：及平城内，出者或被剥夺，公则亲率麾下列阵东掖门，卫送公卿士庶。《南史》同，但平城作城平耳。此齐东昏时梁师平台城事。

《谢朓传》：遂朝服步出东掖门，乃得车，仍还宅。《南史》同。此宋禅齐时，朓官侍中，不为解玺，传诏使称疾，又不肯，遂出，乃以王俭为侍中，解玺。《建康志》表四《金陵新志》表上并系此于宋顺帝升明三年。

《刘季连传》：季连自东掖门入，数步一稽颡，以至高祖前。《南史》同《建康志》表六《金陵新志》表上亦略同。此武帝天监二年事。盖齐末季连反梁，天监元年邓元起至，己酉，季连又拒战，至此食尽而降，故谢罪。

《张缵传》：太清二年迁左卫将军，会侯景寇至，入守东掖门。

《羊侃传》：贼攻东掖门，纵火甚盛，侃亲自距抗，以水沃火，火灭，引弓射杀数人，贼乃退。《南史》略同，但目录侃作"偘"。贼，侯景也。此与上条系同时事。按：颜之推《家训·慕贤篇》云，侯景初入建业，台门虽闭，公私草扰，各不自安。太子左卫率羊侃坐东掖门，部分经略。

《侯景传》：贼又斫东掖门，将开，羊侃凿门扇，杀数人，贼

① 又虚设铠马斋仗千人："斋"，翁氏抄本误作"齐"，据《南齐书》卷七《东昏侯纪》改。

乃退。《南史》同。此与上《羊侃传》系一时事。

《陈书·侯安都传》：将旦，贼骑又至，安都率甲士三百人开东、西掖门与战，大败之。按：此梁敬帝绍泰元年十月，徐嗣徽、任约等引齐寇入据石头，游骑至阙下。又按：《建康志》表六《金陵新志》表上并同，但贼骑二字作"嗣徽"。

《六朝事迹编类》"真武湖"条：《地志》云，齐武帝常理水军于此，又引殿内诸沟经太极殿，由东、西掖门下注城南堑。按：《建康志》《金陵新志》"江湖"条"元武湖"下载此，并作宋孝武大明中事。

次西 西掖门

《景定建康志》"门阙"条"古建康宫门"：案《宫苑记》，晋成帝修新宫，南面开四门，最西曰西掖门。按：此二句误甚，详见上东掖门条。门三道，上重冲。①

《至正金陵新志》"古建康宫门注"与《建康志》并同。

考证

《宋书·元凶劭传》：东阳主第在西掖门外，故云南第。《南史》同。盖上文两言南第，故史臣释之，此亦西华改名、西掖增置之确证。据本传，遣阉人奚承祖诘让劭曰，临贺公主南第先有一下人欲嫁。[按：《南史》无此句云云。] 劭答曰，南第昔属天兴②，求将驱使云云。而史臣以南第在西掖门外，则此西掖门必系台城南面所增立。东阳主第在台城之南，故有南第之称。假令台城南面未增此门，而西掖尚是西华，则东阳主第在台城西面，当称西第，不得称南第矣。又按：是时为宋文帝元嘉二十八

---

① 门三道上重冲：所引《景定建康志》卷二十《城阙志一·门阙》同。"冲"，难解。按：本书卷三"大通门"条作"北面最西曰大通门，上重"，"冲"或为衍字。

② 南第昔属天兴："昔"，翁氏抄本误作"者"，据《宋书》卷九十九《二凶传·元凶劭》改。

年间事,其台城之门,西面改名西华,南面增置西掖。已在元嘉二十五年,[详见上条。]年数比较,亦为吻合。

《始兴王濬传》:宏二月二十一日平旦入直,至西掖门,闻宫中有变,率城内御兵至阁道下。按:此系文帝元嘉三十年元凶劭弑逆时。宏,丹杨尹尹宏也[①]。本欲御变,及闻劭入,求受处分,又为劭简配兵士,尽其心力,故为孝武赐死。

《南齐书·东昏侯本纪》:城中阁道西掖门内,相聚为市,贩死牛马肉。《南史》同,《建康实录》则云于西掖内相聚为市。此永元三年,萧衍师已至近郊。

《陈书·侯安都传》:将旦,贼骑又至,安都率甲士三百人开东、西掖门与战,大败之。按:此梁敬帝绍泰元年十月事,详见上东掖门条。又按:《建康志》表六《金陵新志》表上并同,但贼骑二字作"嗣徽"。

《南史·齐宗室临汝侯坦之传》:比至新亭,道中收遥光所房之余,得二百许人,并有羸仗,乃进西掖门。按:《南齐书》作《萧坦之传》,亦不详载此事,但云间道还台。又按:东昏永元元年八月丙午,始安王遥光据东府反,遣人夜取坦之,坦之走,为颜端所执,寻见释,相随去。左将军沈约五更初闻难[②],驰车走驱西掖门。按:此与上条系一时事。又按:《建康志》表五略同。

《景定建康志》"街巷"条"古御街"云:又有右御街,在台城西掖门外。按《宫苑记》,吴太初宫北曰元武门,北对台城西掖门前路,东即右御街是也。又云:自西掖门出,为右御街。《金陵新志》并同。"古宫殿"条"吴太初宫"云:北面正中曰元武门,北直对台城西掖门前路,东即右御街。《金陵新志》"宫署"条同。

---

① 尹宏:《宋书》卷九十九作"尹弘",清人避乾隆帝讳改。
② 左将军沈约:《南史》卷四十一《齐宗室传·临汝侯坦之》作"左卫将军沈约"。

《六朝事迹编类》"真武湖"条《地志》云：齐武帝常理水军于此，又引殿内诸沟经太极殿[①]，由东、西掖门下注城南堑。按：《建康志》《金陵新志》"江湖"条"元武湖"下载此，并作宋孝武大明中事。

北面二门

东　承明门

《建康实录》新宫成注：其北面平昌门，门上有爵络，世谓之冠爵门，南对南掖门。

《景定建康志》"门阙"条"古建康宫门"：按《建康实录》注，见上。宋永初中改宫城北平昌门为广莫门，至元嘉二十五年，改先广莫门曰承明门。按：齐高帝以后又改名北掖门，见《南齐书·礼志上》。又案《宫苑记》，北面最东曰承明门，门三重，本晋平昌门，南直对东掖门。按：此句误，宜从《实录》注云南对南掖门。"古平昌门"云：宫城北面近东门，南对南掖门。按：此与《宫苑记》异，而与《实录》注同，是也。然周氏却误认南掖门即东掖门［语见上端门条。］故前后错互，不加辨正。其地在今城东。

《至正金陵新志》"古建康宫门注"与《建康志》并同。按：南直对东掖门之下，有"东掖疑即南掖"句。又按：《建康志》"古南掖门"云，南掖门疑即东掖门。张氏《新志》于彼删之，而移入于此。"古平昌门注"与《建康志》亦同。

---

① 引殿内诸沟经太极殿："经"，翁氏抄本脱，据《六朝事迹编类》卷二《形势门·真武湖》及本卷"东掖门"条引《六朝事迹编类》补。

考证

《晋书·桓元传》：又开东掖、平昌、广莫及宫殿诸门，皆为三道。按：此系晋安帝元兴三年元伪号永始二年也。

《宋书·文帝本纪》：元嘉二十五年夏四月乙巳，改先广莫门曰承明。《南史》《建康实录》《建康志》表四《金陵新志》表上并同。

《孝武帝本纪》：大明五年闰月丙申，初立驰道，又自承明门至于元武湖。《南史》同《建康实录》《建康志》表四《金陵新志》表上并作承天门，天字误，当作"明"。按：《六朝事迹编类》"驰道"条云：宋孝武作驰道，自阊阖北出承明，抵元武湖，十余里，为调马之所也。其说误甚，辨见上阊阖门条。又按：《建康志》《金陵新志》"道路"条"宋帝驰道"下并云：又自承明门至元武湖为北驰道，甚明确。

《后废帝本纪》：无日不出，与左右人解僧智、张五儿恒相驰逐。夜出，开承明门，夕去晨反，晨出暮归。《南史》《建康实录》并同。此元徽四年事。阮佃夫腹心人张羊为佃夫所委信，佃夫败，叛走，后捕得，昱自于承明门以车轹杀之。《南史》同《建康实录》则于帝自于承明殿前以车轹杀之。奉伯提昱首，依常行法，称敕开承明门出。按：《南史》见《齐高帝本纪》。此宋元徽五年七月七日戊子夜，斩昱者，杨玉夫[①]、杨万年，提昱首出以与王敬则者为陈奉伯，故《南史》云杨玉夫等与直阁将军王敬则通谋，弑苍梧，赍首，使左右陈奉伯藏衣袖中，依常行法，称敕开承明门出。王乃戎服，率左右数十人，称行还，开承明门入[②]。按：王者，萧道成也。据《顺帝本纪》，升明三年四月壬申方进爵为齐王，而史于此已称王者，沈约《宋书》撰于齐永明中，故追尊之。自奉伯以昱首与敬则，敬则呈齐王，王乃入。

---

① 杨玉夫：翁氏抄本误作"杨王夫"，据《宋书》卷九《后废帝纪》及本卷下文改。下文同，径改。

② 开承明门入："开"，翁氏抄本误作"门"，据《宋书》卷九《后废帝纪》改。

《礼志一》：设先置官，还位于广莫门外道之东西，以南为上。按：此系宋文帝元嘉二十五年闰二月大蒐于宣武场之礼。据《本纪》，于是年四月始改广莫门曰承明，则闰二月时尚称广莫门也，故入此。百官非校猎之官，著朱服，集列广莫门外。按：此与上条系一事。

《五行志五》：宋文帝元嘉三年，司徒徐羡之大儿乔之行欲入广莫门，牛径将入廷尉寺，左右禁捉不能禁，入方得出，明日被收。按：此事尚在大蒐前二十三年，故亦当入此。

《傅亮传》：初至广莫门，上遣中书舍人以诏书示亮。《南史》略同。此亦元嘉三年文帝使郭泓收亮付廷尉伏诛，与上条徐乔之被收系一时事。

《王昙首传》：元嘉四年，车驾出北堂，尝使三更竟开广莫门，南台云："应需白虎幡、银字棨。"不肯开门。《南史》同。羊元保奏免傅隆以下官[1]，昙首继启守旧为礼，上特无所问。此时承明门尚称广莫，故应入此。且史明言南台不肯开，则其为台城之门，复何疑乎！周氏《建康志》乃引入都城之广莫门，疏舛甚矣！

《刘延孙传》：上使于五城受封版，乘船自青溪至平昌门，仍入尚书下舍。《建康实录》略同。此宋孝武帝大明五年征延孙为侍中、尚书左仆射，领护军将军，延孙疾病，不任拜起，故孝武以此优异之。左仆射，《实录》作右仆射，非也。《南史》亦作左仆射，但不载上使于五城受封版以下云云。按《建康志》《金陵新志》"城阙"条"古平昌门"下载此事，亦作左仆射。

《南齐书·高帝本纪》：太祖遣军主陈显达、任农夫、张敬儿、周盘龙等从石头济淮，间道从承明门入卫宫阙。《南史》同，但

---

① 羊元保奏免傅隆以下官："羊元保"，《宋书》卷六十三《王昙首传》作"羊玄保"，盖清人避康熙帝讳改。"傅隆"，翁氏抄本误作"传隆"，据《宋书》卷六十三《王昙首传》改。

太祖二字作"帝"。此宋苍梧王元徽二年五月桂阳王休范举兵时。休范虽为张敬儿所斩，而贼众甚盛，宫内传新亭亦陷，故齐高帝遣陈显达等入卫宫阙。《建康志》表四《金陵新志》表上并系此于宋苍梧王元徽二年。又《建康志》"亭轩"条《金陵新志》"宫署"条"新亭"下并引此事。**太祖夜从承明门乘常所骑赤马入。**《建康实录》同。此宋元徽五年杨玉夫等杀苍梧王将首与王敬则送太祖时，与《宋书·后废帝纪》王乃戎服条系一事而各见。

《礼志上》：**二名不偏讳，所以改承明门为北掖，以榜有"之"字与"承"并。** 按：齐高帝建元元年王俭议朝常讳训如此。据《高帝本纪》，皇考讳承之，故改去承字。又按：齐改承明门为北掖，故此后北掖之名屡见于史。而《建康实录》及建康、金陵等《志》皆不及此，非一大漏失欤！

《王敬则传》：**于墙上投进其首，太祖索水洗视，视竟，乃戎服出，敬则从入宫，至承明门。** 按：《南史》云，敬则驰谒高帝，乃戎服入宫，至永明门。"永"字误，当从《南齐书》作"承"。又按：此宋元徽五年杨玉夫等殒苍梧王以后事，其首者，苍梧首也。此与上《高帝纪》夜从承明门条系一事而互见。

《陈显达传》：**遣显达率司空参军高敬祖自查浦渡淮，缘石头北道入承明门，屯东堂。** 按：此宋元徽二年桂阳王休范举兵时。休范虽死，而贼众甚盛，故高帝遣显达入屯东堂。此与上《高帝纪》太祖遣军主条系一事而互见。

《崔慧景传》：**慧景引军入乐游苑，恭祖率轻骑十余匹突进北掖门。** 按：《建康实录》无"恭祖率轻骑十余匹"八字。《建康志》表五《金陵新志》表上与《南齐书》同。此东昏永元二年遣慧景西讨裴叔业，而慧景过广陵，反，举兵袭京师。恭祖亦姓崔，守广陵城，开门纳之，共奉江夏王宝元向京师[1]。

---

[1] 共奉江夏王宝元向京师："宝元"，《南齐书》卷七《东昏侯纪》、卷五十《明七王传》等均作"宝玄"，系清人避康熙帝讳改。

《梁书·武帝本纪》：天监元年五月乙亥夜，盗入南、北掖。《南史》同。详见上端门条。

《张宏策传》：时东昏余党初逢赦令，多未自安，数百人因运获炬束仗，得入南、北掖作乱。按：《南史》得入南北掖下有"门"字。《建康实录》则云入北掖门，而无南字。详见上端门条。

《张惠绍传》：时东昏余党数百人窃入南、北掖门。《南史》同。此与上条系一事。

《江子一传》：请与其弟子四、子五帅领百余人开承明门挑贼，许之。按：《南史》云，及城被围，开承明门出战。子一及弟尚书左丞[按：左字疑误。上文云子四自右丞上封事《梁书》亦并作"右"。]子四、东宫直殿主帅子五并力战。又按：此武帝太清二年侯景反，冬十月，景师至京，子一启太宗，见许。

《陈书·后主本纪》：祯明三年春正月甲申，弼乘胜至乐游苑，鲁广达犹督散兵力战，不能拒弼，进攻宫城，烧北掖门。按：《南史》云，弼乘胜进军宫城，烧北掖门。《建康实录》云，游骑次宫城，烧北掖门，皆不言甲申。其上文云辛巳贺若弼进军，则皆与《陈书》同。此两言弼，即贺若弼，隋将也。又按：《建康志》表八、《金陵新志》表中并系此事于隋文帝开皇九年。

《袁宪传》：祯明元年，隋军来伐。隋将贺若弼进烧宫城北掖门，宫卫皆散走，朝士稍各引去，惟宪卫侍左右。《南史》《建康实录》皆略同，元年皆作"三年"，与《后主纪》合，是也。此作元年，误。按：此与上条系一事而各见。

《鲁广达传》：及弼攻败诸将，乘胜至宫城，烧北掖门。广达犹督余兵攻战不息。《南史》同，但少"攻败诸将"四字。此与上二条系一事而合见[1]。

《南史·齐宗室临汝侯坦之传》:其夕四更,主书冯元嗣叩北掖门,告遥光反,殿内为之备。按:《南齐书》作《萧坦之传》,亦不详载此事。又按:其夕者,东昏永元元年八月丙午夕也。此与上西掖门条《临汝侯传》系一时事。

《陈萧摩诃传》[2]:黄昕驰烧北掖门而入,员明禽摩诃以逆弼[3]。按:此系陈祯明三年隋灭陈事。弼,隋将贺若弼也。与上《陈书》三条系一时。

《隐逸陶宏景附释宝志传》[4]:永明中,住东宫后堂,从平旦门中出入。末年忽云"门上血污衣",褰裳走过。至郁林见害,果以犊车载尸出自此门,舍故阉人徐龙驹宅,而帝颈血流于门限焉。按:此事亦见《建康实录》齐海陵王纪。则是海陵见害之谶,非郁林也,与《南史》异。但《实录》于郁林王纪亦云舆尸出徐龙驹宅殡,葬以王礼。则与《南齐书·郁林王本纪》合。此事究以《南史·释宝志传》为是,《实录》非也。平旦门,《实录》作平昌门为是,宜从之。此作平旦,误。

《建康实录》:吴太祖赤乌四年冬十一月,诏凿东渠,名青溪,通城北堑,潮沟东发青溪,西行经古都承明、广莫、大夏等三门外。按:《建康志》《金陵新志》"沟渎"条"潮沟事迹"并引此,详见前都城北捷门条。梁武帝大通元年创同泰寺注:按《舆地志》,在北掖门外路西。《建康志》《金陵新志》"寺院"条"同泰寺"并云在北掖门外路西。

《景定建康志》表四:宋苍梧王元徽二年夏五月,杜黑骡按:《宋书》及《南史·后废帝本纪》《南齐书·高帝本纪》并作"杜黑蠡",《桂阳王休范传》作

---

① 此与上二条系一事而合见:"合见",上条作"各见",义长。

② 陈萧摩诃传:系指《南史》卷六十七《萧摩诃传》。

③ 员明禽摩诃以逆弼:"逆",《南史》卷六十七《萧摩诃传》作"送"。

④ 隐逸陶宏景附释宝志传:系指《南史》卷七十六《隐逸传下·陶弘景附释宝志》。"宏",清人避乾隆帝讳改。

"杜黑蠢"。径进至杜姥宅,中书舍人孙千龄开承明门出降。《金陵新志》表上并同。此桂阳王休范举兵反时。休范虽为张敬儿所斩,而黑骡等不知,尚乘胜进杜姥宅,故宫省惟扰,而孙千龄出降。事本载《宋书·桂阳王休范传》,而开下阙一"承"字,故上引《宋书》不录此条。

西 大通门

《景定建康志》"门阙"条"古建康宫门"按《宫苑记》,北面最西曰大通门,上重。

《至正金陵新志》"古建康宫门注"与《建康志》并同。

考证

《南史·梁武帝本纪》:大通元年初,帝创同泰寺。至是,开大通门,以对寺之南门,取反语以协同泰。自是,晨夕讲义,多由此门。三月辛未,幸寺舍身。甲戌,还宫,大赦,改元大通,以符寺及门名。按:《梁书》但言三月辛未舆驾幸同泰寺[寺,一本讹作守。]舍身,甲戌,还宫,赦天下,改元,而不言开大通门。此姚氏之疏漏也。《建康实录》与《南史》略同,"多由此门"下有"寺在县东六里"句。《建康志》表四《金陵新志》表上亦略同。又"寺院"条"同泰寺考证"引《实录》云,梁大通元年创此寺,寺在宫后,别开一门名大通,对寺南门。

《六朝事迹编类》"同泰寺"条云:梁武帝起同泰寺,在台城内。按:此说非也,寺在台城外。"法宝寺"条云:梁武帝大通元年创同泰寺,寺处宫后[1],别开一门,名大通门。按:《建康志》《金陵新志》"寺院"条"法宝寺注"并云,今法宝寺门墙外即梁大通门也。

---

[1] 梁武帝大通元年创同泰寺寺处宫后:翁氏抄本作"梁武帝大通元年创同泰寺二处宫后",误前一"寺"下重复符为"二",据《六朝事迹编类》卷十《寺院门·法宝寺》改。

东面一门

中　东华门

《建康实录》新宫成注：正东东掖门。

《景定建康志》"门阙"条"古建康宫门·东西二门"：考之《实录》，已不可见。按：坊本"见"下有"者"字，误也。张氏《金陵新志》"者"字属下句，而"者"字上又重出，可见二字，今从之。又按：此二句误甚。考《建康实录》新宫成注，第三重宫墙南面端门云云，其东、西门不见名，则东、西二门之不可见者《实录》注指第三重宫墙言之，非指台城言也。台城东、西名，言正东、西东掖门、西掖门，何云不可见乎。盖《实录》注"南面端门"以下皆接第三重宫墙言之，其端门，即后所改为太阳门者也。周氏误认此为台城南面之端门，故虽引《实录》注，而妄削"第三重宫墙"五字，因并将东、西二门之不可见者，亦移而属之台城，且必疑"正东、西东掖门、西掖门"九字为误，而亦削之。其考古之疏舛若此，使人目眩而不能骤决也。或曰恐周氏本指宫墙言之，特偶脱"第三重宫墙"五字亦未可知。曰：非也！看下文可见者，唯南面二门与北面一门而已，两句知其决指台城，不指第三重宫墙也。又按《宫苑记》，东面正中曰东华门，门三道，晋本名东掖门。按：此益见晋成帝修新宫，南面开四门，最东曰东掖门之误。晋既名此为东掖门，而南面复设东掖门，有是理乎！宋改万春门，按：此句亦误会《宋书·文帝本纪》盖元嘉二年开万春、千秋二门，实在第三重宫城，而《宋书》系之台城者，统言之也。详见门条上台城①。史谓之"开"，以其本无是门而创始之也。使仅仅改名而已，岂得谓之开乎！梁改东华门。按：《宋书·礼志》已言东、西中华门，又言东中华门，《元凶劭传》亦言东中华门，则此门在宋时已名东中华，其西掖门亦名西中华，至梁时特去"中"字，直称东华、西华耳。

---

①　详见门条上台城：此处似有脱文。

《至正金陵新志》"古建康宫门注"与《建康志》并同。

考证

《晋书·桓元传》：又开东掖、平昌、广莫及宫殿诸门,皆为三道。按:此系晋安帝元兴三年元伪号永始二年也。凡诸史所言东掖门,自宋元嘉二十五年以前皆入此条。

《宋书·少帝本纪》：景平二年,道济、谢晦领兵居前,羡之等随后,因东掖门开,入自云龙门,盛等先戒宿卫,莫有御者。《南史》并同。《建康实录》亦同,但作《废帝纪》,为稍异耳。此夏五月乙酉,《南史》作"己酉",《实录》亦作"乙酉"。

皇太后令废少帝事:始,徐羡之、傅亮将废帝,讽王宏[①]、檀道济求赴国讣。按:"讣"字误,《南史》作"计",《实录》作"许"。宏等来朝,使中书舍人邢安泰、潘盛为内应,故是旦领兵入而莫之御也。

《礼志一》：廷尉监平分陛东、西中华门,按:此遣大使拜皇后、三公及冠皇太子,及拜蕃王之仪。殿中侍御史奏开东中华、云龙门,引仗为小驾卤簿。按:此文帝元嘉二十五年闰二月大蒐于宣武场之礼也。

《徐羡之传》：道济领兵居前,羡之等继其后,由东掖门、云龙门入,宿卫先受处分,莫有动者。按:此景平二年夏五月乙酉废少帝时,与上《少帝纪》系一事而各见。

《沈庆之传》：道济还白太祖,称庆之忠谨晓兵,上使领队防东掖门。《南史》同,但太祖作"文帝"。此庆之隶檀道济,还白文帝。按檀道济于元嘉十三年三月己未伏诛,则其称庆之晓兵,必在十三年以前尔。时台城正东面门尚称东掖,故入此条。

---

① 王宏:《南史》卷一《少帝纪》作"王弘",系清人避乾隆帝讳改,下同。

《元凶劭传》:张超之等数十人驰入云龙、东中华门。《南史》同。此文帝元嘉三年十二月二十二日甲子[①],劭使超之行弑逆,故驰入。

《南齐书·礼志上》:史臣曰:案晋中朝元会,设卧骑、倒骑、颠骑,自东华门驰往神虎门,此亦角抵杂戏之流也。按:此则自晋元帝以来已有东华门之名,否则三骑虽设于东晋,而东华门名萧子显以梁时称谓言之,故加"史臣曰"三字于其上欤。

《曹虎传》:苍梧废,明日,虎欲出外避难,遇太祖在东中华门,问虎何之,虎因曰:"故欲仰觅明公耳。"按:宋元徽五年七月戊子夜,苍梧为杨玉夫等所殒,则此言明日,盖己丑也。虎本为防殿队主,直西斋,至是仍留直卫。

《梁书·侯景传》:景于是日百道攻城[②],持火炬烧大司马、东西华诸门。城中仓卒,未有其备,乃凿门楼,下水沃火,久之方灭。《南史》略同,《建康志》表六、《金陵新志》表上亦同。此武帝太清二年十月事。

《建康实录》:陈宣帝太建七年六月乙酉 按:《陈书》《南史》并作"己酉"。改作云龙、神虎二门注:按《宫殿簿》,云龙门,晋本名东华门。 按:此句误,辨见后云龙门条。

《景定建康志》"古宫殿"条"晋永安宫考证":《宫苑记》,永安宫在台城东华门外。《金陵新志》"宫署"条同。

---

① 文帝元嘉三年:"三年"当为二十三年之误
② 景于是日百道攻城:《梁书》卷五十六《侯景传》无"日"字。

西面一门

中 西华门

《建康实录》新宫成注：正西西掖门。

《景定建康志》"门阙"条"古建康宫门"：案《宫苑记》，西面正中曰西华门，晋本名西掖门。按：此益见晋成帝修新宫南面开四门最西曰西掖门之误。晋既名此为西掖门，而南面复设西掖门，有是理乎! 宋改千秋门，按：此句误，辨见上东华门条。梁改西华门。

《至正金陵新志》"古建康宫门注"与《建康志》并同。

考证

《宋书·武帝本纪》：时徐羡之住西州，尝幸羡之，便步出西掖门。《南史》《建康实录》并同。《建康志》《金陵新志》"城阙"条"西州城考证"并载之。凡诸史所言西掖门，自宋元嘉二十五年以前皆入此条。

《礼志一》：廷尉监平分陛东西中华门。按：此遣大使拜皇后、三公及冠皇太子，及拜蕃王之仪。

《殷景仁传》：迁景仁于西掖门外晋鄱阳主第。《南史》同，但"迁"字作"徙"，"主"字作"王"。按《元经》，宋文帝元嘉十七年，殷景仁卒。薛传亦追叙此事，事在元嘉十二年。刘湛愤景仁位在己上，议遣人杀之，故太祖迁景仁使迩宫禁，湛计不行《建康志》表四《金陵新志》表上则云加殷景仁中书令、中护军，即家为府。帝迁护军府于西掖门外。

《梁书·侯景传》：景于是百道攻城，持火炬烧大司马、东西华诸门。城中仓卒，未有其备，乃凿门楼，下水沃火，久之，方灭。《南史》略同《建康表》志六、《金陵新志》表上亦同。此武帝太清二年十月事。

请石城公大款出送，诏许焉。遂于西华门外设坛，《南史》同。此太清三年二月景请割江右四州地，并求宣城王大器出逆，然后解围。傅岐议以宣城王嫡嗣之重，不容许之。景乃请石城公。左卫将军柳津出西华门下，景出其栅门，与津遥相对，刑牲歃血。《南史》同，但"左卫"作"右卫"。此与上条相连。

《南史·梁武帝本纪》：太清三年二月，侯景遣使求和，皇太子固请，帝乃许之，盟于西华门下。按：《梁书·武帝纪》不载此事，亦是疏漏。

《建康实录》：吴太祖赤乌三年十二月，使左台侍御史郗俭监凿城西南，自秦淮北抵仓城，名运渎。注①：按，建业宫城即吴苑城，城内有仓，名曰苑仓，晋名太仓，在西华门内道北。按：《建康志》《金陵新志》"沟渎"条"运渎"事迹亦云，太仓在西华门内道北。又《建康志》"诸仓"条、《金陵新志》"宫署"条"古苑仓"下所引同。又《太平御览》卷一百九十所引与《实录》注并同，而以为《吴书》。

晋成帝咸和八年春正月，改苑仓为太仓。注：仓在西掖门内。按：此注与上条注可参看。盖注《实录》者，梁时西华门定吴苑仓方位，而又可见晋之西掖门，即梁之西华门也。

陈宣帝太建七年六月乙酉 按：《陈书》《南史》并作"己酉"②。改作云龙、神虎二门注：按《宫殿簿》，神虎门，晋本名中华门。按：此句误甚。考《晋书》，但有神兽门，即神虎门，避唐讳，无中华门。即宋以后中华门，亦有东、西、南之别。史有但称中华门者，盖南中华门。梁时所称太阳门者是也。其在西者，必曰西中华门。

---

① 使左台侍御史郗俭监凿城西南：翁氏抄本"郗俭"下衍一"鉴"字，据《建康实录》卷二赤乌三年十二月条删。

② 按陈书南史并作己酉："作"，翁氏抄本脱，据理补。"己酉"，翁氏抄本作"乙酉"，据《陈书》卷五《宣帝纪》《南史》卷十《陈本纪》改。

卷四 台城内第二重宫墙 宫墙门 ①

台城内第二重宫墙

《建康实录》:晋成帝咸和七年冬十一月,新宫成。注:有两重墙。《景定建康志》"古城郭"条"台城"考证《舆地志》云:宫城内有两重宫墙,周回五百七十八丈。"门阙"条"古建康宫门"案《宫苑记》:建康宫城内有两重宫墙。

《至正金陵新志》"台城注""古建康宫门注"与《建康志》并同。

考证

《晋书·陆晔传》:共推晔督宫城军事。《建康志》表三、《金陵新志》表上并同。按:《陆晔传》上句云"匡术以苑城归顺"时 ②,则此句言宫城,城在苑城之内明矣。又按:匡术为苏峻将,据《成帝纪》,咸和二年十一月,祖约、苏峻等反。三年九月,峻为李阳所斩,贼党复立峻弟逸为帅。四年春正月,贼将匡术以苑城归顺。盖是时帝在石头,故推晔督宫城军事。

《陆玩传》:及苏峻反,遣玩与兄晔共守宫城。

宫墙门

《建康实录》:梁武帝天监十年,初作宫城门三重及开二

---

① 翁氏抄本无"宫墙门"三字,据体例补。
② 陆晔传上句云匡术以苑城归顺时:"时",或为"事"之误。

道。按:《梁书》《南史》"重"下有"楼"字①。

《景定建康志》"古城郭"条"台城考证":《舆地志》云,宫城内有两重宫墙,南面开二门,北面二门,东西面各一门。"门阙"条"古建康宫门":梁天监十年,初作宫城门,三重楼,及开二道。又按《宫苑记》,建康宫城内有两重墙,凡六门。

《至正金陵新志》"台城注""古建康宫门注"与《建康志》并同。

考证

《晋书·桓元传》:又开东掖、平昌、广莫及宫殿诸门,皆为三道。按:此系晋安帝元兴三年、元伪号永始二年也。

《宋书·孝武帝本纪》:大明元年三月壬戌制,大臣加班剑者不得入宫城门。《南史》同,《建康志》表四,《金陵新志》表上亦并同。

《梁书·武帝本纪》:天监十年,初作宫城门,三重楼,及开二道。《南史》同,《建康志》表六,《金陵新志》表上亦同,而无"楼"字。

南面二门

东 止车门

《景定建康志》"门阙"条"古建康宫门":案《宫苑记》,南面开二门,东曰应门,晋改名止车门,南直对端门,即晋南掖门也。

《至正金陵新志》"古建康宫门注"与《建康志》并同。

---

① 梁书:翁氏抄本作"梁尚书",衍"尚"字,今删。

考证

《晋书·五行志下》：成帝咸康五年十一月，有人持柘杖绛衣诣止车门，口列为圣人使求见天子。门侯受辞，辞称姓吕，名赐。奏闻，即伏诛。按：《宋书·五行志五》亦载此条，但"咸康"误作"咸宁"。名赐，赐字亦作"锡"。

《何充传》：及导薨，转护军将军，与中书监庾冰参录尚书事，诏充、冰各以甲杖五十人至止车门。按：《成帝纪》此咸康五年秋七月辛酉事。盖王导薨于是月庚申也。

《宋书·礼志一》：漏上三刻，殿中侍御史奏开殿之殿门、南止车门。按：此遣大使拜皇后、三公及冠皇太子，及拜蕃王之仪。设先置官位于行止车门外，内官道西，外官道东，以北为上。按：此文帝元嘉二十五年闰二月大蒐于宣武场之礼。

《五行志五》：晋成帝咸宁四年十一月辛丑，有何一人诣南止车门，自列为圣人所使，髡鞭三百，遣。按：此事《晋志》不载，咸宁，"宁"字误，当作"和"字或"康"字，盖成帝年号有咸和、咸康，无咸宁也。又按《晋志》，咸康五年十一月有人持柘杖绛衣诣止车门一条，《宋志》亦载之，误"咸康"为"咸宁"，则此"宁"字当系"康"字之误无疑。

《南齐书·礼志上》：合朔之日，散官备防，非预斋之限者，于止车门外别立幔省，按：此武帝永明元年尚书令王俭启郊祀。盖是年元日合朔，在致斋之期，故俭有此奇启。其日，内外二品清官以上诣止车集贺。按：此永明五年十月尚书令王俭议南郡王昭业冠仪注，其日者，冠之日也。止车下疑脱"门"字。

西　衙门

《景定建康志》"门阙"条"古建康宫门"：案《宫苑记》，南面开二门，西曰衙门，隐不见，南西掖门。按：此句"南"下应脱"对"字。考《金陵新志》"古建康宫门注"，亦作"南西掖门"，则"对"字久脱，张氏亦不能补正。

《至正金陵新志》"古建康宫门注"与《建康志》并同。

考证

按：六朝诸史不载有衙门，而其名至唐时犹沿用之。《旧唐书·张仲方传》，两省官入朝宣政，衙门未开，百官错立于朝堂，无人吏引接，逡巡阁门。使马元赞斜开宣政衙门，传宣曰有敕，召左散骑常侍张仲方。仲方出班，元赞宣曰，仲方可京兆尹。然后衙门大开。唤伏。

北面二门

中　凤庄门

《景定建康志》"门阙"条"古建康宫门"：案《宫苑记》，北面正中曰凤妆门。按："妆"字，诸史皆作"庄"。

《至正金陵新志》"古建康宫门注"与《建康志》并同。

考证

《南齐书·东昏侯本纪》：帝于殿内骑马，从凤庄门入徽明门。《南史》同。此永元三年，萧衍师已至近郊。

《宗室始安贞王道生传》[①]：改华林凤庄门为望贤门。《南史》同。《建康实录》则见道生子凤传。此明帝建武元年事。按：道生三子，长凤，次鸾，是为明

---

① 宗室始安贞王道生传：系指《南齐书》卷四十五《宗室传·始安贞王道生》。

帝,故明帝即位,追赠其兄凤为始安靖王,而凤庄门之名亦改。盖东昏侯为明帝之子,明帝讳"凤"字,而上条《东昏纪》有凤庄门名,盖作史者所称,故不必讳。

《遥光传》[①]:足疾,不得同朝例,常乘舆自望贤门入。《南史》同。按:遥光为凤之子。

《南史·谢朏传》:宋明帝尝敕朏与谢凤子超宗从凤庄门入。按:朏为谢庄第二子,故"凤"字,超宗所讳,"庄"字,朏所讳也。超宗曰,君命,不可以不往,乃趋而入。朏曰,君处臣以礼,进退不入。时人两称之,以比王尊、王阳。

《梁武帝本纪》[②]:太清元年夏四月戊寅,百辟诣凤庄门奉表,三请三答,顿首。《建康实录》《建康志》表六《金陵新志》表上皆略同。盖帝于三月乙巳升光严殿舍身,四月庚午,群臣奉赎,菩萨僧众默许,故此奉表三请,至丁亥始还宫。

西 鸾掖门

《景定建康志》"门阙"条"古建康宫门":案《宫苑记》,北面近西曰鸾掖门。

《至正金陵新志》"古建康宫门注"与《建康志》并同。

考证

按:鸾掖门之名不见于诸史,盖此门之建,当在梁、陈时也。若在齐以前,则齐明帝讳鸾,当改门名矣。高帝父讳承之,故《礼志》云改承明门为北掖。明帝兄名凤,故《始安贞王传》云改华林凤庄门为望贤。"凤"字犹讳,则"鸾"字必讳。《传》又云,改鸾鸟为"神雀",鸾鸟既改,则鸾掖必改。至明帝以后终齐之世,又断不应设此门名,直犯帝讳也。又按:唐李商隐《和刘评事》诗有"看封谏草归鸾掖"句,盖本于此。

---

① 遥光传:系指《南齐书》卷四十五《宗室传·始安贞王道生附遥光》
② 梁武帝本纪:系指《南史》卷七《梁武帝纪下》

东面一门

中 云龙门

《景定建康志》"门阙"条"古建康宫门"：案《宫苑记》，东面正中曰云龙门。以宫殿证之，云龙门是二重宫墙东面门，对第三重宫墙万春门。按："是"下当有"第"字，而《金陵新志》亦无之，则"第"字久脱。"古云龙门"云：第二重宫墙东面门，对第三重宫墙万春门。按：此"二重"上有"第"字，则上条亦应有之。

《至正金陵新志》"古建康宫门注·古云龙门注"与《建康志》并同。

考证

《晋书·羊曼传》：苏峻作乱，加前将军，率文武守云龙门。《建康实录》同。《建康志》表三云：丹阳尹羊曼勒兵守云龙门。又"门阙"条"古建康宫门"之末载之，《金陵新志》"古建康宫门注"亦载此事。按《晋书·成帝纪》咸和二年十一月苏峻反，曼守云龙门，当在十一月以后至三年二月，曼及卞壶、周导、陶瞻并遇害。

《毛安之传》：孝武即位，妖贼卢悚突入殿廷，安之闻难，率众直入云龙门，手自奋击。按《孝武帝纪》，简文崩于咸安二年秋七月乙未，而孝武即帝位，十一月甲午，卢悚晨入殿廷。

《宋书·少帝本纪》：景平二年，道济、谢晦领兵居前，羡之等随后，因东掖门开，入自云龙门，盛等先戒宿卫，莫有御者。《南史》同。《建康实录》作废帝纪，详见上东掖门条。《建康志》表四《金陵新志》表上皆作"营阳王"，亦但言入自云龙门，而不言因东掖门入。

《礼志一》：设留守填街位于云龙门外，内官道南，以西为上。按:此文帝元嘉二十五年闰二月大蒐于宣武场之礼。设从官位于云龙门内,大官阶北,小官阶南,以西为上。按:此与上条系一事。殿中侍御史奏开东中华、云龙门,引仗为小驾卤簿。按:此与上二条系一事。

《礼志五》:虎贲常直殿黄云龙门者,给绛褠武冠。按:此叙列车服之仪。

《徐羡之传》:道济领兵居前,羡之等继其后,由东掖门、云龙门入,宿卫先受处分,莫有动者。按:此景平二年夏五月乙酉废少帝时,与上《少帝纪》系一事而各见者。

《刘湛传》:善论治道,并谙前世故事,叙致铨理,听者忘疲。每入云龙门,御者便解驾,左右及羽仪,随意分散,不夕不出,以此为常。《南史》同。《建康志》《金陵新志》“城阙”条“古云龙门”下所载亦略同。此文帝元嘉八年湛自江陵长史被征初入朝时事。

《元凶劭传》:张超之等数十人驰入云龙、东中华门。《南史》同。《建康志》表四、《金陵新志》表上并云张超之等数十人驰至云龙门。此文帝元嘉三十年二月二十二日甲子,劭使超之行弑逆,故驰入。

《南齐书·郁林王本纪》:高宗虑变,定谋废帝。二十二日壬辰,使萧湛、坦之等于省诛曹道刚、朱隆之等,率兵自尚书入云龙门,戎服,加朱衣于上。按:《南史》“高宗”作“鸾”,无“定谋”至“壬辰”十字。尚书下有“省”字。《建康实录》《建康志》表五《金陵新志》表上并略同。又按:此事在隆昌元年秋七月。坦之亦姓萧。道刚、隆之等,皆郁林羽翼。

《江敩传》:郁林废,朝臣皆被召入宫。敩至云龙门,托药醉吐车中而去。按:《南史》云龙门下有“方知废立”句,“药”字作“散动”。

《梁书·敬帝本纪》:太平元年冬十一月乙卯,起云龙、神虎门。按:《南史》神虎作“神武”。

《谢朏传》：诏以为侍中、司徒、尚书令。朏辞脚疾，不堪拜谒，乃角巾肩舆诣云龙门谢。《南史》同，但"肩舆"作"自舆"。《建康志》《金陵新志》"城阙"条"古云龙门"下所载亦作"自舆"。此系梁武帝天监二年事。

《王珍国传》：十二月丙寅旦，珍国引稷于卫尉府勒兵，入自云龙门，即东昏于内殿斩之。《南史》略同。永元三年，梁武起兵，东昏使珍国屯朱雀门，而珍国已献诚于梁武帝，故入斩东昏，稷，张稷也。

《陈书·宣帝本纪》：太建七年夏四月乙未，陈桃根又表上织成罗文锦被裘各二，诏于云龙门外焚之。按：《南史》又下无"表"字，而被裘误作"被表"。盖"各二"者，被与裘各二也，若止被表而已，何以言各二乎？又按：《建康实录》乙未作"己未"，盖己、乙字相似而误耳。其被裘亦误作"被表"。又按：《建康志》表七、《金陵新志》表上锦被下无"裘"字，各二下有"百复"字。六月己酉，改作云龙、神虎门。《南史》同。《建康实录》《建康志》表七、《金陵新志》表上"己酉"并作"乙酉"。《太平御览》卷一百八十二引《陈书》曰，高祖七年[①]，改作云龙、神虎二门。

《长沙王叔坚传》：叔陵旧多力，须臾自奋得脱，出云龙门，入于东府城。按：《建康实录》见陈后主纪，云：叔陵多力，自奋得脱，突出云龙门，入东府。《建康志》表七、《金陵新志》表上并云：长沙王叔坚缚叔陵，叔陵脱走，出云龙门，驰车还东府。盖太建十四年正月甲寅宣帝崩，乙卯，小敛，叔陵袖剉药刀斫后主，叔坚扼叔陵，擒之。问后主曰："即尽之，为待也？"后主不能应，故叔陵得脱。

《始兴王叔陵传》：叔陵因奋袖得脱，突走，出云龙门，驰车还东府。《南史》略同。此与上条系一事而互见。

《南史·齐废帝东昏侯本纪》：珍国、张稷惧祸，乃谋应萧衍，以计告后阁舍人钱强，强许之，密令游荡主崔叔智夜开云

---

① 高祖七年："高祖"，翁氏抄本误作"高神"，据《太平御览》卷一八二《居处部·门上》改。

龙门，稷及珍国勒兵入殿。按:此永元三年萧衍起兵,茹法珍、梅虫儿谓大臣不留意,使围不解,宜悉诛之。故王珍国、张稷惧祸,谋应萧衍,而入斩东昏。此与上《梁书·王珍国传》系一事。又按:《建康志》表五云十二月丙寅,齐密令人开云龙门。齐,张齐,稷之腹心也。然史言令人开云龙门者乃钱强,非张齐。

《王融传》:西昌侯闻急,驰到云龙门,不得进,乃曰有敕召我,仍排而入,奉太孙登殿,命左右扶出子良。按:齐武帝永明十一年秋七月,帝病笃,竟陵王子良在殿内,太孙昭业未入,融欲矫诏立子良,俄而帝崩。融以子良兵禁诸门,故西昌侯鸾不得进。

《张宏策传》:时东昏余党孙文明等初逢赦令,多未自安。文明又尝梦乘马至云龙门,心惑其梦,遂作乱。按:此梁武帝天监元年五月也,与前端门条《张宏策传》系一事。贼又进烧尚书省及阁道、云龙门。按:此与上条系一事,贼即孙文明等也。

《建康实录》陈宣帝太建七年六月乙酉 按:《陈书》《南史》并作"己酉"。改作云龙、神虎二门注:按《宫殿簿》,云龙是第二重宫墙东面门,晋本名东华门,按:此句误甚。晋时本无东华门之名,即梁以后所称东华门,亦是台城东面之门,晋时名东掖门者是也。安得以云龙为东华乎! 东出东掖门。《太平御览》引此句作"晋东掖门也",余同。又按:《太平御览》卷一百八十二引《宫殿簿》此句"东华门"上有"中"字。梁改之,西对第三重宫墙万春门。

西面一门

中 神虎门

《景定建康志》"门阙"条"古建康宫门":案《宫苑记》,西面正中曰神武门。按:唐避讳,改神虎为神武,又曰神兽。如《南史·梁武帝本纪》

天监元年所云盗烧神武门，即东昏余党也。而《张惠绍传》云烧神虎门，《张宏策传》云烧神兽门。合之止一门，而三名互见。以宫殿证之，神武门是第二重宫墙西面门，对第三重宫墙千秋门。"古神虎门"云：一曰神武门，第二重宫墙西面门，对第三重宫墙千秋门。

《至正金陵新志》"古建康宫门注·古神虎门注"与《建康志》并同。

考证

《晋书·海西公纪》：太和六年十一月己酉，帝著白帢单衣，步下西堂，乘犊车出神兽门。《建康实录》并同。《建康志》表三《金陵新志》表上亦同，但神兽作"神武"。又按：桓温诬帝在藩有痿疾，因讽太后以伊霍之举[①]。己酉，宣崇德太后令，使刘享收帝玺绶。

《孝武帝纪》：宁康三年十二月甲申，神兽门灾。按：《元经》神兽作"神虎"。《建康实录》《建康志》表三《金陵新志》表上亦并作"神虎"。又《建康志》"灾祥"条载之，亦作"神虎"。

《孝武文李太后传》：凶仪施于神兽门。按：太后崩于安帝隆安四年，此崩后丧仪也。

《宋书·武帝本纪》：好出神虎门逍遥，左右从者不过十余人。按：《南史》神虎作"神武"，门下有"内"字。《建康实录》亦作"神武"。

《礼志二》：宋文帝元嘉十七年七月壬子，元皇后崩，兼司徒给事中刘温持节监丧神虎门，设凶门柏历，至西上阁。按：元皇后，姓袁，文帝后也。

《傅亮传》：以亮佐总国权，听于省，见客神虎门外，每旦，

---

① 因讽太后以伊霍之举："太"，翁氏抄本误作"大"，据《晋书》卷八废帝海西公纪事改。

车常数百两。《南史》同，但神虎作"神兽"。《建康志》《金陵新志》"城阙"条"古神虎门"下引《宋书》并作"神虎门"。此武帝永初元年入直中书省以后事。

《江夏文献王义恭传》：劭疑义恭有异志，使入住尚书下省，分诸子并住神虎门外侍中下省。按：《南史》神虎作"神兽"。此元嘉三十年元凶劭弑文帝而自立，世祖入讨，故劭恐义恭归世祖，使住尚书省，而其十二子又别居之。

《郑鲜之传》[①]：俄而外启尚书鲜之诣神兽门求启事，高祖大笑引入，其被亲遇如此。按：高祖，宋武帝也。帝尝宴群臣，唯不召鲜之，曰：郑鲜之必当自来。俄而果至。此永初元年事。

《南齐书·礼志上》：史臣曰，案晋中朝元会设卧骑、倒骑、颠骑，自东华门驰往神虎门，此亦角抵杂戏之流也。此详见前东华门条。

《梁书·武帝本纪》：天监元年五月乙亥夜，盗入南、北掖，烧神兽门、总章[②]，害卫尉卿张宏策。《南史》并同，惟神兽作"神武"。盗，齐东昏余党也。

《敬帝本纪》：太平元年冬十一月乙卯，起云龙、神虎二门。《南史》同，惟神虎作"神武"。

《高祖丁贵嫔传》[③]：宫阃施敬宜同吏礼，诣神虎门奉笺致谒。年节称庆，亦同如此。按：《南史》作《武丁贵嫔传》，宫阃作"宫俺"，余并同。据本传，太子定位，有司奏礼母以子贵云云。考《昭明太子传》，天监元年十一月立为皇太子，则有司之奏亦当在此时。

---

① 郑鲜之传："传"，翁氏抄本误作"傅"，据《宋书》卷六十四《郑鲜之传》改。
② 总章：按下文引《张宏策传》，为总章观也。
③ 高祖丁贵嫔传：系指《梁书》卷七《后妃传·高祖丁贵嫔》。

《王茂传》：群盗之烧神虎门也，茂率所领到东掖门，为盗所射。茂跃马而进，群盗反走。《南史》略同。此与上《武帝纪》系一时事。

《张宏策传》：时东昏余党初逢赦令，多未自安，数百人因运荻炬束仗，得入南、北掖作乱，烧神虎门、总章观。按：《南史》《建康实录》神虎并作"神兽"。此与上《武帝纪》系一事而各见。盖宏策救火，盗潜后害之。

《张惠绍传》[①]：时东昏余党数百人窃入南、北掖门，烧神虎门，害卫尉张宏策。惠绍驰率所领赴战，斩首数十级，贼乃散走。《南史》略同。此与上条系一事而互见。

《陈书·宣帝本纪》：太建七年六月己酉，改作云龙、神虎门。《南史》同。《建康实录》己酉作"乙酉"，盖己、乙字相似而误耳。《太平御览》卷一百八十二引《陈书》曰：高祖七年改作云龙、神虎二门。

《南史·隐逸·陶宏景传》：永明十年，脱朝服挂神虎门，上表辞禄，诏许之，赐以束帛。按：本传云，齐高帝作相时，引为诸王侍读，除奉朝请。至齐武帝永明十年，辞禄，止于句容之句曲山。梁武帝大同二年卒。又按：《建康志》《金陵新志》"城阙"条"古神虎门"下载此，并云"脱朝服挂神武门"。

《建康实录》：陈宣帝太建七年六月乙酉 按：《陈书》《南史》并作"己酉"。改作云龙、神虎二门。注：按《宫殿簿》，神虎门是第二重宫墙西面门，晋本名中华门。按：此句亦误。考《晋书》，元帝以后不见有中华门，《咸宁注》所云从云龙、东中华门入见。《礼志下》乃晋武帝所定元会仪也[②]。即曰东晋仍而不改，然中华门之上必加"东"字别之，即曰有东必有西，然西中华亦是台城西

---

① 张惠绍传："惠"，翁氏抄本误作"会"，据《梁书》卷十八《张惠绍传》及下文改。

② 礼志下乃晋武帝所定元会仪也："礼志下"，系指《晋书》卷二十一《礼制下》。翁氏抄本在"武"与"帝"之间衍"定"字，据《晋书·礼制下》"晋氏受命，武帝更定元会仪，《咸宁注》是也"句删。

面门，非宫墙神武虎门也。《宋书·礼志一》有东、西中华之名，然亦指台城之东、西二门言也。惟《南齐书·刘悛传》两言中华门，然考《宫苑记》第三重宫墙南面正门曰太阳，晋本名端门，宋改为南中华门，《刘悛传》直言中华而不加东、西字，必指南中华门言也，安得以中华为神虎门之本名欤？又按：《太平御览》卷一百八十二引《宫殿簿》，此句"晋本名中"下有"西"字，余并同。西出西华门，本晋西掖门，宋改名西华门。按：此句亦未确。考《宫苑记》，晋西掖门，梁改西华门，盖宋时名西中华门，见《宋书·礼志》。至梁方去"中"字，直称西华门耳。东入对第三重宫墙千秋门。

　　《六朝事迹编类》"太平观"：《梁书》云陶宏景于永明十年脱朝服挂神武门，上表辞禄。诏许之。按：《梁书·陶宏景传》但言永明十年上表辞禄，诏许之，惟《南史》乃有"脱朝服挂神虎门"之语，则张氏所引《南史》也，非《梁书》也。《建康志》《金陵新志》"宫观"条"太平观考证"有"挂衣冠神武门"语，亦误作《梁书》。又《建康志》"耆旧传"《金陵新志》"仙释传·陶宏景传"亦载此事。

卷五　台城内第三重宫墙 <small>凡四门</small>

台城内第三重宫墙

《建康实录》：晋成帝咸和七年冬十一月，新宫成。注：第三重宫墙南面端门云云，其东西门不见名。

《景定建康志》"古城郭"条"台城考证"《舆地志》云：第三重宫墙南面一门，东西面各一门。

《至正金陵新志》"台城注"与《建康志》并同。<small>按：以上三书并言三门者，盖皆不类北面徽明门也。</small>

考证

《宋书·文帝本纪》：元嘉二十年春正月，于台城东西开万春、千秋二门。<small>按：《南史》不载此事，《建康实录》《建康志》表四、《金陵新志》表上并云开万春、千秋等门，而无"于台城"三字。盖万春、千秋二门，实在第三重宫墙东西，而《宋书》系之于台城者，台城在晋、宋时每统言新宫建康宫建邺宫，故第三重宫城亦得统言台城也。李延寿作《南史》，盖以台城东西有东掖、西掖二门，宋改名东中华、西中华，梁直称东华、西华，初无万春、千秋之名，且东掖、西掖二门，据《宫苑记》晋时已有，亦非至宋始开，故疑此条为误而全削之。然万春门名，明见《宋书·元凶劭传》，又屡见《南齐书》，则此二门实系宋文帝所开，特"于台城"三字易涉蒙混耳。许嵩作《建康实录》，载文帝开此二门，以存其真，削"于台城"三字，以绝其蒙混，可谓笔削尽善。或曰按《宫苑记》台城东、西二门，晋本名东掖、西掖，宋改名万春、千秋，梁改名东华、西华，则万春、千秋二门，似在台城而不在宫城矣。曰：《宫苑记》固可信，而宋改名万春、千秋之语则误会，沈约《宋</small>

书》殊不足据。余考《宋书·礼志》已有东、西中华门，则其名不待梁而始改。且《文帝本纪》于万春、千秋二门不言改而开，是向无此名，而今始创开者。若改东掖名为万春，改西掖名为千秋，岂得谓之开乎！故知其必为宫城之东西门，而史统言台城者也。又按：《建康志》"门阙"条《金陵新志》"古建康宫门"条载此，并误作元嘉二年。详见前台城门条。

南面一门

中 太阳门

《建康实录》新宫成注：第三重宫墙南面端门，夹门两大鼓，在两塾之南，并三丈八尺之围，用开闭城门。日中、晡时及晓，并击以为节，夜又击之以持更。其一者本在会稽雷门，相传曰洛阳旧物，打之，声应洛阳城。孙恩之乱，军人斩破，有双鹤飞去，尔后不复鸣。义熙中始取还，置于此门。

《景定建康志》"门阙"条"古建康宫门"引《建康实录》注①，自南面端门起至夜又击之以持更止。按：周氏误认作台城南面端门，晋初名闾阖门，不久即改名南掖，梁改端门，故系于台城南面闾阖门之下，而削去"第三重宫墙"五字，两塾作"两墩"，及晓作"及晚"。又案《宫苑记》，第三重宫墙东直对墙，按："东"字误，当作"南"，盖东为万春门，直对第二重宫墙云龙门，不对墙也。惟南面太阳门直对墙，以第二重宫墙之南二门止车门在东，衙门在西，皆不居中，其中为墙，而太阳门对之。南面正门曰太阳，晋本名端门，宋改为南中华门。

《至正金陵新志》"古建康宫门注"与《建康志》并同，惟"两墩"仍作"两塾"。按：此则《建康志》作"两墩"当系翻刻之误，亦作"两塾"

---

① 引建康实录注：原文为小字，作注文，然据前后体例文义，当时正文，据改。

为是。

考证

《宋书·礼志一》:虎贲中郎将、羽林监分陛端门内。按:此遣大使拜皇后、三公及冠皇太子,及拜蕃王之仪。侍御史、谒者各一人监端门。此条同上。

《始安王休仁传》:上寝疾久,内外隔绝,虑人情有同异,自力乘舆出端门。按:《南史》始安作"建安",而《南史》目录亦作"始安"。据休仁本传,元嘉二十九年立为建安王,死后诏降为始安县王。称建安者,生时所封,称始安者,死后所降也。又按:明帝疾,尝暴甚,内外莫不属意于休仁,上乃召休仁入见,使宿尚书下省,遣人赍药赐死。时泰始七年五月戊午事。上出端门,恐人情向休仁也。故休仁死乃入《宋书·明帝本纪》,书休仁有罪自杀,以诏书所称言之。《南史》则云鸩司徒建安王休仁,盖纪实也。

《邓琬传》:乃取令书投地曰:殿下当开端门,黄阁是吾徒事耳。《南史》同。此前废帝景和元年十一月二十九日,阮佃夫等殒废帝,建安王休仁立明帝,十二月庚申朔,令书以晋安王子勋进号车骑将军,开府仪同三司,诸佐吏并喜曰,暴乱既除,殿下又开黄阁,实为公私大庆。琬以子勋当即帝位,故取令书投地而言此。

《南齐书·武穆裴皇后传》:宫内深隐,不闻宫内鼓漏声[①],置钟于景阳楼上,宫人闻钟声,早起装饰。按:《南史》楼上句下有"应五鼓及三鼓"句,"装"作"庄"。《建康志》"古宫殿"条《金陵新志》"宫署"条"齐昭阳殿"下并载此事。《六朝事迹编类》"鸡鸣埭"条引《南史》作"至内深隐","至"字误,当作"宫内深隐"。又按:梁以后凡言端门,皆入台城南掖门,而不入此。辨见南掖门条。

《刘悛传》:初,苍梧废,太祖集议中华门,见悛,谓之曰:

---

① 不闻宫内鼓漏声:"宫内",《南齐书》卷二十《皇后传·武穆裴皇后》作"端门",义长。

君昨直耶？悛答曰：仆昨乃正直，而言急在外。至是上谓曰：悛功名之际^①，人所不忘。卿昔于中华门答我，何其欲谢世事？悛曰：臣世受宋恩，门荷齐眷，非常之勋，非臣所及。《南史》并同，但太祖作"高帝"，此齐太祖已受宋禅而追叙前事也。又按：台城东华门，宋、齐时名东中华^②，西华门名西中华。诸史凡言此二门者，必加东、西字以别之。《刘悛传》两言中华门而不加东、西字，当属此门无疑。虽《宫苑记》云宋改名南中华门，然此门居东西之中，即直称中华门，其义自显，故《齐书》不必定言南中华也。

《梁书·邵陵携王纶传》：侯景围城，坚屯太阳门，终日蒲饮，不抚军政。按：《南史》坚别作传，在纶传后，蒲作"蒱"，余并同。坚为纶之长子，故《梁书》即附入纶传中。武帝太清三年三月，坚书佐引贼陷城，坚遂遇害，皆其所自取也。又案下条，梁天监中已改内宫端门为太阳门矣，故南海王屯端门一条，必入南掖门，方与此条不相碍。

《武陵王纪传》：初，天监中，震太阳门，成字曰"绍宗梁位唯武王"，解者以为武王者，武陵王也，于是朝野属意焉。《南史》略同。太清中，侯景乱，纪为都督益州刺史，不赴援。高祖崩后，纪乃僭号于蜀。太清五年，实简文帝大宝二年，元帝在江陵，犹称太清。五年六月丙戌为樊猛所杀。

《南史·齐废帝郁林王本纪》：及武帝梓宫下渚，帝于端门内奉辞，辒辌车未出端门，便称疾还内。《建康志》表五、《金陵新志》表上并同。

《建康实录》：晋成帝咸和五年二月己巳，会稽太守王舒表献铜漏刻，诏置端门西墅之西。

《六朝事迹编类》"潜鹤鼓"条云：台城端门上二鼓，初得于会稽雷门。按：此说误甚。考《建康实录》注所云端门两大鼓在两塾之南者，乃内宫之端门，即太阳门也。张氏移而属之台城端门，疏矣。

北面一门

徽明门

《建康实录》新宫成注。不载。

《景定建康志》"门阙"条"古建康宫门"。不载。

《至正金陵新志》"古建康宫门注"。不载。

考证

《南齐书·东昏侯本纪》：帝于殿内骑马，从凤庄门入徽明门。《南史》同。此永元三年萧衍师已至近郊时也。徽明门在凤庄门之内，为第三重宫墙北门无疑，未可以《建康实录》等书不载而遂遗之也。

东面一门

中　万春门

《建康实录》新宫成注：第三重宫墙，其东西门不见名。

《景定建康志》"门阙"条"古建康宫门"：东、西二门，考之《实录》已不可见。按：周氏以此三句指台城言，误甚。又按《宫苑记》，第三重宫墙东面正中曰万春门，直东对云龙门，西对千秋门。

《至正金陵新志》"古建康宫门注"与《建康志》并同。

考证

《宋书·文帝本纪》：元嘉二十年春正月，于台城东、西开万春、千秋二门。 按：《建康实录》《建康志》表四《金陵新志》表上二门皆作"等门"，而无"于台城"三字。盖古台城统言宫城，故第三重宫城亦得统言台城也。然不如《实录》削去"于台城"三字为善。《建康志》"门阙"条《金陵新志》"古建康宫门"条载此，并作元嘉二年，非也。"二"下脱"十"字，详见上。

《元凶劭传》①：劭以朱服加戎服上，乘画轮车，与萧斌同载，卫从如常入朝之仪，守门开，从万春门入。《南史》《建康志》表四、《金陵新志》表上皆略"从""同"。此文帝元嘉三十年二月二十二日甲子劭将行弑逆时事。

《南齐书·东昏侯本纪》：陈显达事平，渐出游走，所经道路，屏逐居民，从万春门由东宫以东至于郊外，数十百里，皆空家尽室，巷陌悬幔为高障，置仗人防守②，谓之"屏除"。《南史》略同。按：显达反于寻阳，在永元元年十一月丙辰③，十二月甲申至京师，乙酉，斩显达，传首《南史》云，余党尽平。

《竟陵文宣王子良子昭胄传》：会东昏新起芳乐苑，月许日不复出游，偃等议募健儿百余人从万春门入突取之，昭胄以为不可。 按：《南史》无"新起芳乐"句，谓东昏不出，以朱光尚惑之，其"偃等"以下并同。偃，桑偃也，为梅虫儿军副。结前巴西太守萧寅，谋立昭胄，故有此议。事泄，昭胄兄弟与同党皆伏诛。据《东昏本纪》，起芳乐苑，永元三年夏月事。

《南史·齐竟陵文宣王子良子昭胄传》：光尚挟左道以惑东昏，因谓东昏曰：昨见蒋王，云巴陵王在外结党欲反，须官出

---

① 元凶劭传："传"，翁氏抄本误作"傅"，据《宋书》卷九十九《二凶传·元凶劭》及文义改。
② 置仗人防守："仗"，翁氏抄本误作"伎"，据《南齐书》卷七《东昏侯纪》改。
③ 永元元年十一月丙辰：翁氏抄本"丙"与"辰"之间衍"陈"字，今删。

行,仍从万春门入。按:萧寅与桑偃谋立昭胄,寅左右华永达以告御刀朱光尚,故光尚告东昏,东昏大惧,不复出四十余日,偃等议募健儿云云。[见上。]又按:此条《南齐书》不载,即东昏不复出游,亦非因起芳乐苑之故,与《南齐书》异。

西面一门

中 千秋门

《建康实录》新宫成注:第三重宫墙,其东西门不见名。

《景定建康志》"门阙"条"古建康宫门":东、西二门说误,详见上条。又案《宫苑记》,第三重宫墙西门正中曰千秋门,西对神武,东对万春门。

《至正金陵新志》"古建康宫门注"与《建康志》并同。

考证

《宋书·文帝本纪》:元嘉二十年春正月,于台城东、西开万春、千秋二门。按:《建康实录》《建康志》表四《金陵新志》表上二门皆作"等门",而无"于台城"三字。辨见上条。

《陈书·宣帝本纪》:太建十年六月丁卯,震千秋门内槐树。按:《南史》作"闰六月",《建康实录》作"夏六月",余并同。《建康志》表七《金陵新志》表上并作"六月"。又《建康志》"灾祥"条亦作"六月"。

卷六　东宫城

东宫城

《建康实录》吴太祖赤乌四年《皇太子登传》，以诸葛恪为左辅，张谢景范慎刁元休为右弼，顾谭、张承为都尉，是为四友；按：张承，《三国吴志》作"陈表"。谢景、范慎、刁元、羊衜等为宾客。每侍讲东宫，号为多士。① 十年春，通南宫。按：《三国吴志》赤乌十年二月，权适南宫，盖以三月改作太初宫，故二月先移居太子宫也。《实录》"通"字误，当从《吴志》作"适"。注按《舆地志》。南宫，太子宫也。宋置欣乐宫，按：《建康志》"古宫殿"条作"宋置欣乐营"②。其地今在县城二里半。吴时太子宫在南，故号南宫。

晋孝武帝太元十七年八月，新作东宫，徙左卫营。注：按，晋初太子宫在宫西③，虽东宫，实有皇后之宫，今台城西南角

---

① "以诸葛恪为左辅"至"号为多士"：《建康实录》卷二赤乌四年五月条："以诸葛恪为左辅，张休为右弼，顾谭、张承为都尉，是为四友。谢景、范慎、刁玄、羊衜等为宾客。每侍讲东宫，号为多士。"翁氏抄本脱误颇多。又，《三国志》卷五十九《吴书·孙登传》："以恪为左辅，休为右弼，谭为辅正，表为翼正都尉，是为四友。"又，《三国志》卷五十五《吴书·陈武传》："武子表徙太子中庶子，拜翼正都尉。"又，《三国志》卷五十二《吴书·张昭传》未言及张承尝为东宫官属。《建康实录》列张承于四友之列，亦误。又，刁元，清人避康熙帝讳改。

② 宋置欣乐营："营"，翁氏抄本误作"宫"，与上文不协，据《景定建康志》"故城郭"条"东宫城"改。

③ 晋初太子宫在宫西："宫西"，翁氏抄本误作"京西"，据《建康实录》卷九太元十七年八月条按语改。

外,西逼运沟。至此年,烈宗始新于宫城东南移左卫营,以其地作之,即安帝为太子所居宫也。宋文帝元嘉十五年秋七月,新作东宫。《建康志》表四、《金陵新志》表上并同。

《齐废帝海陵王纪》:宝志沙门住东宫[①]。

陈宣帝太建九年十月,修东宫成。十二月,移皇太子居新宫。注:按《舆地志》,其地本晋东海王第,后筑为永安宫,穆章何皇后居之。宋文帝元嘉十五年始筑为东宫,齐末为火灾焚尽。梁天监五年,更修筑于故齐地,盛加结构。侯景乱,又烧尽。陈初,置太子于永福省,至此居新宫。

《景定建康志》"古城郭"条"东宫城":案《宫苑记》,宋元嘉十五年,修永吉宫为东宫城,四周土墙,堑两重,在台城东门外,南、东、西开三门。

"古宫殿"条"吴南宫":吴太子宫在南,大帝赤乌二年适南宫[②]。宋置欣乐营于其地,今在旧江宁县北二里半。晋永安宫,即吴东宫,在台城东南。旧《志》考《舆地志》,吴东宫在城之南,晋初东宫在城之西南,其后移于宫城之东南,宋、齐、梁、陈又在宫城之东北。按:"北"字疑衍。上文引《宫苑记》云东宫城在台城东门外,又于"门阙"条"古东宫门"案《宫苑记》,西面正中曰则天门,西直对台城东华门。则宋、齐、梁、陈时东宫当在宫城之正东,不得在东北也。《宫苑记》永安宫在台城东华门外,晋孝武 按:坊刻无"晋"字,据《金陵新志》补。太元二十一

———

① 宝志沙门住东宫:"宝",翁氏抄本误作"实",据《建康实录》卷十五《齐后废帝海陵王》改。

② 大帝赤乌二年适南宫:据《三国志》卷四十七《吴书·孙权传》及《建康实录》卷二,"二年"是"十年二月"之误。

年新作东宫^①，本东海王第。安帝立，以何皇后居之。桓元折其材木，移入西宫，以其地为细射营^②。至宋元嘉十五年筑为东宫。陈太建九年移皇太子居之。

《至正金陵新志》"城阙宫署"条"东宫城"与《建康志》"古城郭"条同，但永吉作"永安"。"吴南宫注"与《建康志》"古宫殿"条同，但在上无"今"字，县下有"治"字。"晋永安宫注"与《建康志》"古宫殿"条并同，但孝武上有"晋"字。

考证

《三国吴志孙权》：赤乌十年二月，权适南宫。按此，则《建康实录》作"通南宫"者误。《孙登传》以恪为左辅，休右弼，谭为辅正，表为翼正都尉，是四友。按：恪、休、谭，见上《建康实录》。表，陈表也。《实录》作张承，与此异。而谢景、范慎、刁元、羊衟皆为宾客，于是东宫号为多士。

《晋书·孝武帝纪》：太元十七年八月，新作东宫。《建康志》表三、《金陵新志》表上并同。

《礼志下》：吾昔在东宫，未及启革。按：此明帝太宁三年三月戊辰立皇子衍为皇太子，诏以汉魏尊崇储贰，使朝臣咸拜，此甚无谓欲革除之，故有此语。

《宋书·恩幸·阮佃夫传》：侍太子于东宫。按：此明帝秦始二三年事。

《元凶劭传》：年十二，出居东宫。东宫置兵，与羽林等。

---

① 太元二十一年新作东宫："太元"，翁氏抄本误作"太平"，据理及《晋书》卷九《孝武帝纪》改。又，据《晋书·孝武帝纪》，新作东宫是太元十七年八月，抄本作"二十一年"，误，不改。

② 以其地为细射营："营"，翁氏抄本作"宫"，据《隋书》卷十二《礼仪志七》、卷二十六《百官志上》改。

道育变服为尼，逃匿东宫。按：女巫严道育为巫蛊，以玉人为上形像，埋于含章阁前，事泄，故逃匿。辄加劭兵众，东宫实甲万人。按：《建康志》表四《金陵新志》表上并云：初，帝置东宫，实甲万人。此元嘉三十年正月，大风飞霰且雷，上忧有窃发，故出行，即使劭入守。濬自京口入朝，当镇江陵，复载道育还东宫。按：前道育匿东宫，本系始兴王濬载往京口。旧制，东宫队不得入城，劭与门卫云，受敕有所收讨，令后队速来。《建康志》表四同。此二月二十二日劭将行弑逆事。按：自出居东宫至此，《南史》并同。东宫之欢，其来如昨。按：世祖檄京邑讨劭，劭使濬与世祖书中语。毁劭东宫所住斋，污潴其处。《南史》同。

《南齐书·武帝本纪》：以石头为世子宫，官置二率以下，坊省服章，一如东宫。《南史》同《建康实录》但言以石头为世子宫。此宋顺帝升明三年四月进齐公爵为王时事《建康志》表四《金陵新志》表上并系此于升明三年三月。又《建康志》"古宫殿"条《金陵新志》"宫署"条亦略载之。

《东昏侯本纪》：由东宫以东至于郊外。《南史》同，详见前万春门条。

《梁武帝本纪》：天监五年八月辛酉，作太子宫。《南史》同，但太子宫作"东宫"。

《昭明太子传》：天监元年十一月，立为皇太子。时太子年幼，依旧居于内，拜东宫官属，文武皆入直永福省。五年五月庚戌，始出居东宫。普通三年十一月，始兴王憺薨。旧事，以东宫礼绝傍亲，太子意以为疑，命仆射刘孝绰议其事。孝绰议曰：案张镜撰《东宫仪记》称，三朝发哀者，逾月不举乐。于时东宫有书几三万卷，东宫虽燕居内殿，一坐一起，恒切向西南面台①。以上《南史》并同。《建康志》《金陵新志》"孝悌传·萧统"篇亦略同。大通三年四月乙巳薨,高祖幸东宫,临哭尽哀。

《处士·阮孝绪传》:初,建武末,大风拔东宫门外杨树。《南史》同。

《陈书·宣帝本纪》:太建四年十二月丁卯,诏曰:来岁开肇,创筑东宫。九年十二月戊申,东宫成,皇太子移于新宫。《南史》同。《建康志》表七、《金陵新志》表上并云新作东宫成,太子徙居之。

《南康愍王昙朗传》:梁简文之在东宫,深被知遇。《南史》同。

《始兴王伯茂传》:初,高祖兄始兴昭烈王道谈仕于梁世②,为东宫直阁将军。

《南史·宋文帝本纪》:元嘉十五年秋七月辛未,新作东宫。

《陈后主本纪》:祯明三年春正月丙戌,晋王广入据台城,送后主于东宫。《建康实录》同。

《隐逸·陶宏景附释宝志传》:永明中,住东宫后堂。

《建康实录》晋成帝咸康七年皇后杜氏传:时以裴氏寿考,故呼为杜姥宅,在今县东北三里,东宫城南路西。按:裴氏,杜后母。

《景定建康志》表五:齐武帝永明八年,王晏为丹阳尹,召王僧孺开功曹,使撰《东宫新记》。按:《金陵新志》表上亦载此事,而僧孺作"僧辨"。"池塘"条"善泉池":一名九曲池,在台城东东宫城内,

---

① 恒切向西南面台:"切",翁氏抄本字上加墨点,当有删削之意。《梁书》卷八《昭明太子传》及《南史》卷五十三《武帝诸子传·昭明太子统》均无"切"字。
② 高祖兄始兴昭烈王道谈仕于梁世:翁氏抄本于"始兴"下衍"王"字,据《陈书》卷二十八《始兴王伯茂传》删。

周回四百余步。《金陵新志》同。

东宫城门

南 承华门

《景定建康志》"门阙"条"古东宫门"：案《宫苑记》，南面正中曰承华门，直南出。

《至正金陵新志》"城阙宫署"条"古东宫门注"与《建康志》并同。

考证

《南齐书·礼志上》：其日，内外二品清官以上诣止车集贺，并诣东宫南门通笺。按：此武帝永明五年十月尚书令王俭议南郡王昭业冠仪注。其日者，冠之日也。东宫承华门亦改为宣华云。按：齐高帝建元元年王俭议朝堂讳训如此，据《高帝本纪》，皇考讳承之，故改去承字。

《五行志》：永明中，雷震东宫南门，无所伤毁，杀食官一人。

《陈书·宣帝本纪》：太建四年十二月丁卯，诏曰：梁氏之季，兵火荐臻，承华焚荡，顿无遗构。按：此叙东宫改作之由，故诏书末云"来岁开肇，创筑东宫"。

东 安阳门

《景定建康志》"门阙"条"古东宫门"：案《宫苑记》，东面正中曰安阳门,东直对东阳门,按:此语若诣晋孝武帝所作之东宫[①],言则是《舆地志》所云。晋后移于宫城之东南。《建康实录》注所云晋烈宗新于宫城东南移左卫营以其地作之也,然其西面门不得直对台城东华门矣。西对温德门。

《至正金陵新志》"城阙宫署"条"古东宫门注"与《建康志》并同。

考证 无

西 则天门

《景定建康志》"门阙"条"古东宫门":案《宫苑记》,西面正中曰则天门,西直对台城东华门。按:此指宋文帝所修之东宫,言《宫苑记》所云。宋元嘉十五年修永吉宫为东宫,在台城东门外,又云永安宫,在台城东华门外是也。然其东面门不得直对都城之东阳门矣。按以上二条,未知《宫苑记》原文如何,恐周氏引据有误。

《至正金陵新志》"城阙宫署"条"古东宫门注"与《建康志》并同。

考证

《晋书·五行志中》:孝武帝太元十八年,东宫始成。十九年正月,鹊又巢其西门。按:《宋书·五行志》亦载此条。

---

① 此语若诣晋孝武帝所作之东宫:"诣",或为"指"之误。

附录

朱雀门

《建康实录》：晋孝武帝太元三年，又起朱雀门，重楼，皆绣栭藻井，门开三道。上层名朱雀观，观下门上有两铜雀。悬楣上刻木为龙虎，左右对。注：《地图》，朱雀门北对宣阳门，相去六里，《六朝事迹编类》"朱雀航"条引《地志》同。《建康实录》晋成帝咸和五年修六门注则云相去五里余。名为御道，夹开御沟，《建康志》《金陵新志》"沟渎"条"御沟事迹"引《实录》注并同。植柳。朱雀门南渡淮，出国门，去园门五里①。吴时名为大航门，亦名朱雀门，南临淮水，俯枕朱雀桥，亦名大航桥。按《六朝事迹编类》"朱雀门"条云：晋都城南门也。此语甚详，见前宣阳门条。

《景定建康志》"门阙"条"古朱雀门"：案《宫苑记》，吴立，初名大航门，南临淮水，北直宣阳门，去台城可七里。按："古城郭"条"台城考证"引《实录》注云：台城南正中大司马门，南对宣阳门，相去二里。又按上《实录》注，按《地图》，朱雀门北对宣阳门，相去六里。以此计之，朱雀门去台城当八里。宋大明五年改为右皋门，梁大同三年复改为朱雀门。以《金陵图》考之，当在今镇淮桥北左南厢。

《至正金陵新志》"城阙宫署"条"古朱雀门注"与《建康志》并同。

---

① 去园门五里："园门"，《建康实录》各本皆同，然不见于他书。疑是"苑门"之误。苑门，孙吴时始见，因北对苑城，故名。东晋新建建康都城，于此处设宣阳门，南对朱雀门，其间御道长五里。亦有视其为"国门"之误者。

考证

《晋书·杨佺期传》：元追军至，佺期与兄广俱死，传首京都，枭于朱雀门。按：安帝隆安二年秋七月，桓元、杨佺期各举兵反。三年，桓元举兵讨佺期，佺期退去，单马奔襄阳，为桓元所害。据《安帝纪》，此十二月事也。

《桓元传》：大风吹朱雀门楼，上层坠地。按：上文云"涛水入石头，大桁流坏，杀人"。据《安帝纪》，事在元兴三年春二月，则此亦当相近。

《宋书·孝武帝本纪》：大明五年闰月丙申，初立驰道，自闾阖门至朱雀门。《南史》同，《建康实录》则云：自闾阖门抵大航北。盖朱雀门亦名大航门也。按：《六朝事迹编类》"驰道"条云：宋孝武帝作驰道，自闾阖北出乘明，抵元武湖，十余里，为调马之所也。此说误甚，辨见前闾阖门条。又按：《建康志》《金陵新志》"道路"条"宋帝驰道"下并云：自闾阖门至于朱雀门，为南驰道。甚明确。其"城阙"条"古朱雀门"下亦云：宋大明五年立驰道，自闾阖至于朱雀门。六年四月庚申，新作大航门。《南史》同，《建康实录》则云新作朱雀门。《建康志》表四《金陵新志》表上与《实录》同，其"城阙"条"古朱雀门"下又云新作大航门。

《始安王休仁传》：尔时诸王车皆停在朱雀门里，日既暝，不暇远呼车。按：《南史》，始安作"建安"，而《南史》目录亦作"始安"，详见前太阳门条。又按：《南史》不载此事。此明帝既杀休仁，虑人情惊动，与诸方镇及诸大臣诏书中语，追叙前时射雉，休仁腹痛，不堪骑马，以己衣书车载之①，见其相待之厚也。

《柳元景传》：劭自登朱雀门督战，至瓦官寺，与义军游逻相逢，游逻退走，贼遂薄垒。按：元嘉三十年元凶劭弑文帝，孝武入讨，以元景为谘议参军，元景潜至新亭，依山建垒，游逻退走，元景悉遣勇士出战，因破贼。

《桂阳王休范传》：初，休范自新林分遣同党杜耳、丁文

———————

① 以己衣书车载之：翁氏抄本"车载"倒误，据《宋书》卷七十二《始安王休仁传》正之。

豪、杜黑蠡等直向朱雀门，休范虽死，墨蠡等不相知闻。王道隆率羽林兵在朱雀门内，闻贼至，急召刘勔。勔自石头来赴，仍进桁南，战败死之，墨蠡等乘胜直入朱雀门，《南史》略同。《建康志》表四《金陵新志》表上亦载之而略。此后废帝元徽二年五月壬子休范举兵反，"壬子"误，《南史》作"壬午"。壬辰攻新亭垒。壬辰是壬午后十日，上文若作壬子，则五月不得有壬辰。为张敬儿所斩。杜墨蠡，《后废帝本纪》作"杜黑蠡"，《建康志》表四《金陵志》表上皆作杜黑骡。

《王景文传》：值桂阳王休范逼京邑，蕴领兵于朱雀门战败被创。事平，除侍中。蕴，景文兄子，附《景文传》末。

《恩幸·王道隆传》：元徽二年，太尉桂阳王休范奄至新亭，佃夫留守殿内，而道隆领羽林精兵向朱雀门。按：此与上二条系一时事。佃夫，阮佃夫也。

《元凶劭传》：二十一日，义军至新亭。时鲁秀屯白石，劭召秀与王罗汉共屯朱雀门。按：此元嘉三十年四月二十一日事，义军孝武讨劭军也。二十二日，使萧斌率鲁秀、王罗汉等精兵万人攻新亭垒，劭登朱雀门躬自督率，将士怀劭重赏，皆为之力战。"劭登"以下，《南史》同，但督率作"督战"。《建康志》表四《金陵新志》表上亦略同。劭又率腹心同恶自来攻垒，元景复破之，劭走还朱雀门。元景，柳元景也。上文鲁秀军已为元景所败，故此云复破。五月四日，太尉江夏王义恭登朱雀门总群帅。按：此时义恭已背劭而助世祖入讨。

《梁书·武帝本纪》：大同三年春正月辛丑夜，朱雀门灾。《南史》并同。《建康实录》春正月作"四月"，疑误。《建康志》表六《金陵新志》表上亦并作"四月"。

《王茂传》：东昏遣大将王珍国盛兵朱雀门，众号二十万，度航请战,茂与曹景宗等会击,大破之。"东昏"三句,《南史》同。此系齐东昏侯永元三年茂从梁武进军秣陵。

《王珍国传》:义师至,使珍国出屯朱雀门,为王茂军所败,乃入城。《南史》略同。此与上条系一事而互见。

《何敬容传》:大同三年正月,朱雀门灾。高祖谓群臣曰:"此门制卑狭,我始欲构,遂遭天火。"并相顾,未有答。敬容独曰:"此所谓陛下先天而天不违时。"以为名对。《南史》略同。

《处士·何点传》:尝行经朱雀门街,有自车后盗点衣者,见而不言。《南史》并同。

《陈书·后主本纪》:祯明三年春正月己卯,镇东大将军任忠自吴兴入赴,仍屯朱雀门。按:是时,隋军伐陈,南北道并进,故任忠入赴。

《任忠传》:及隋兵济江,忠自吴兴入赴,屯军朱雀门。《南史》并同。此与上条系一事而各见。

《熊昙朗传》:昙朗走入村中,村民斩之,传首京师,悬于朱雀观。《建康实录》及《建康志》表七同。据《文帝本纪》,此事在天嘉元年三月丁巳,先是王琳入寇,文帝征南川兵,昙朗据城应琳,琳败奔齐,昙朗党援离心,城陷而走。

《周迪传》:诱迪出猎,伏兵于道傍,斩之,传首京都[1],枭于朱雀观三日。按:《建康实录》朱雀观作"朱雀门"。盖上为观下即门也。《陈书·文帝本纪》作朱雀航,则误航浮桥也,非枭首之地。又按:此事在天嘉六年秋七月丙戌,先是迪有破熊昙朗之功,后乃越趄顾望,阴与留异相结,屡为王师所败,窜山穴中。遣人出市鱼鲑,临川太守骆牙执之,因令诱迪自效。[2]

---

[1] 传首京都:翁氏抄本作"传首师",脱"京"字。《陈书》卷三十五《周迪传》:"惑迪出猎,伏兵于道傍,斩之,传首京都,枭于朱雀观三日。"据补。

[2] 临川太守骆牙执之因令诱迪自效:翁氏抄本"骆牙"以下作正文大字,今据文义改为注文小字。

《南史·梁武帝本纪》：东昏闻郢城没，乃为城守计，简二尚方、二冶囚徒以配军。其不可活者，于朱雀门内日斩百余人。按：此齐东昏侯永元三年七月守城以御梁武军也。

《后主本纪》：祯明二年，大风拔朱雀门。《建康实录》《建康志》表七、《金陵新志》表上并同。又《建康志》"灾祥"条亦载此。

《柳仲礼传》：景尝登朱雀楼与之语，遗以金环。是后，闭营不战①。按：此当系梁武帝太清三年事②。景，侯景也。

《梁宗室长沙宣武王懿附明传》：明至，望朱雀门便长恸。按：梁武帝纳侯景，大举北侵，以明为都督水陆诸军。军败，明见俘执。及魏平江陵，齐文宣使送明至梁。据《敬帝本纪》，齐送萧明来主梁嗣，在承圣四年三月。[按：元帝已于上年十二月为魏人所戕，而敬帝尚未即位，故不称绍泰元年而仍称承圣四年也。] 萧明入建邺即伪位，乃七月中事。陈霸先黜明而奉敬帝③，则九月丙午日也。又按：《建康志》表六、《金陵新志》表上亦载此事，而明作"渊明"，[志表并书绍泰元年五月癸卯渊明入建康望朱雀门而哭。] 盖本名渊明④，《南史》避唐讳，故但称明软。

《陈宣帝诸子始兴王叔陵传》：叔陵即遣戴温、谭骐骥二人诣摩诃，摩诃执以送台，斩于阁道下，持其首徇东城，仍悬于朱雀门。按：太建十四年正月甲寅，宣帝崩。乙卯，叔陵以锉药刀斫后主，为长沙王叔坚所缚。因奋得脱，聚兵欲据东府城，遣韦谅约萧摩诃，摩诃绐报曰：须王心胁节将自来，方敢从命。故叔陵遣温、骐骥诣萧摩诃。

---

① 闭营不战："闭"，翁氏抄本误作"开"，据《南史》卷三十八《柳元景传附仲礼传》改。
② 梁武帝太清三年事："武"，翁氏抄本误作"五"，改正。
③ 陈霸先黜明而奉敬帝："黜"，翁氏抄本误作"默"，据《南史》卷八《梁敬帝纪》改。
④ 本名渊明："明"，翁氏抄本误作"名"，改正。

《贼臣侯景传》：于时景修饰台城及朱雀、宣阳等门。按：
此系梁大宝二年景矫萧栋诏禅位时事。

《建康实录》：晋成帝咸和五年九月，修六门。注：宣阳门
南对朱雀门，相去五里余。按：孝武帝太元三年起朱雀门注云：按《地图》，朱
雀门北对宣阳门，相去六里。详见上。咸康二年冬十月，更作朱雀门，新
立朱雀浮航，航在县城东南四里，对朱雀门。按：《晋书·成帝纪》但言
新作朱雀浮桁，而不言更作朱雀门。《建康志》表三、《金陵新志》表二则与《实录》同，但少
"在县城东南四里"七字。其"桥梁"条"镇淮桥"下又引《实录》云：咸康二年新立朱雀航，
对朱雀。其"城阙"条"古朱雀门"下亦云：晋成帝咸康二年，更作朱雀门。孝武帝
太元三年，又起朱雀门。详见上。按：《建康志》《金陵新志》"城阙"条"古朱雀
门"下亦云：孝武三年，又起朱雀门。十六年冬十月，新作朱雀门。

《宋柳元景传》①：既破元凶于朱雀门，进侍中、前将军、雍
州刺史、曲江公。按《宋书》《南史》，元景为雍州刺史，臧质虑其为荆州后患，建
议爪牙不宜远出，上乃徙封为曲江县公。则曲江公之封，不在破元凶时也。

《景定建康志》表六：梁武帝大清二年，朝廷犹不知正德
之情，命正德屯朱雀门。《金陵新志》表上同，但命字下无"正德"二字。按：《梁
书·临贺王正德传》云：朝廷未知其谋，犹遣正德守朱雀航。《南史·梁宗室临川静惠王宏
附正德传》云：朝廷未知其谋，以正德为平北将军，屯朱雀航。则周氏、张氏《志》《表》作
朱雀门者，误也。盖正德先奔魏，又逃归，及侯景反，至江，正德潜运空舫，诈称迎获，以济
景焉。故朝廷未知其谋。②

"表八"：隋文帝开皇九年 按此即陈后主祯明三年。春正月，任

---

① 宋柳元景传：系指《建康实录》卷十四《列传·柳元景》。
② 江正德潜运空舫诈称迎获以济景焉故朝廷未知其谋：翁氏抄本原作正文大字，
据文义改作注文小字。

忠出降擒虎，于石子冈引擒虎直入朱雀门。《金陵新志》表中并同。按：擒虎，隋将韩擒虎也。据《陈书》《南史》"后主本纪"，并云引擒虎经朱雀航趣宫城，自南掖门入。盖既经朱雀航，必入朱雀门也。

"镇市"条云：盐市在朱雀门西。《金陵新志》同。

"街巷"条"古御街"云：案《宫城记》，吴时自宫门南出至朱雀门七八里，府寺相属。《金陵新志》同。又见"宫署"条"六朝宫城"。"朱雀街"：按《宫城记》与上条同。按：《金陵新志》亦同。《舆地志》云，朱雀门北对宣阳门，相去六里，名为御道。《金陵新志》同。按"门阙"条引《建康实录》注云，相去五里余，与此小异。

"桥梁"条"高桥考证"：《金陵故事》云，梁乱，庾信为建康令，守朱雀门，众溃，台城门已闭，信走，羁旅于此桥。《金陵新志》同。"二十四航"条"考证"：吴时南淮大桥，一名朱雀桥，当朱雀门下度淮水。《金陵新志》同。

"山阜"条"牛头山事迹"：《六朝记》，自朱雀门沿御道四十里至山下。《金陵新志》同。

"洲浦"条"舟子洲事迹"：梁天监十二年，以朱雀门东北淮水纡曲数有水患，又舟行旋冲太庙湾，乃凿通中夹，为舟子洲。《金陵新志》同，但十二年作"十三年"。

"南京稀见文献丛刊"
已出书目

1.《六朝事迹编类·六朝通鉴博议》　　　　　　　(宋)张敦颐；(宋)李焘

2.《六朝故城图考》　　　　　　　　　　　　　　　　　(清)史学海

3.《梁代陵墓考·六朝陵墓调查报告》

　　　　　　(清末民初)张璜；(民国)中央古物保管委员会编辑委员会

4.《南唐二主词》　　　　　　　　　　　　　　　(南唐)李璟，李煜

5.《钓矶立谈·江南别录·江表志》

　　　　　　　　　(宋)佚名；(宋)陈彭年；(宋)郑文宝

6.《南唐书(两种)》　　　　　　　　　　　(宋)马令；(宋)陆游

7.《南唐二陵发掘报告》　　　　　　　　　　　　　南京博物院

8–11.《景定建康志》　　　　　　　　　　　　　　　(宋)周应合

12.《金陵百咏·金陵杂兴·金陵杂咏·金陵百咏(外一种)》

　　　　　　(宋)曾极；(宋)苏泂；(清)王友亮；(清)汤濂

13.《南京·南京》　　　　　　　　　　　　(明)解缙；(民国)李邵青

14. 《洪武京城图志·金陵古今图考》　　　　　（明）礼部；（明）陈沂

15. 《献花岩志·牛首山志·栖霞小志·覆舟山小志》

　　　　　（明）陈沂；（明）盛时泰；（明）盛时泰；（民国）汪闿

16. 《金陵世纪·金陵选胜·金陵览古》

　　　　　（明）陈沂；（明）孙应岳；（清）余宾硕

17. 《后湖志》　　　　　　　　　　　　　　　（明）赵官等

18. 《金陵旧事·凤凰台记事》　　　　　　（明）焦竑；（明）马生龙

19. 《金陵琐事·续金陵琐事·二续金陵琐事》　　　　（明）周晖

20. 《客座赘语》　　　　　　　　　　　　　　（明）顾起元

21-23. 《金陵梵刹志》　　　　　　　　　　　（明）葛寅亮

24. 《金陵玄观志》　　　　　　　　　　　　　（明）葛寅亮

25. 《留都见闻录·金陵待征录》　　　　　　（明）吴应箕；（清）金鳌

26. 《板桥杂记·续板桥杂记·板桥杂记补》

　　　　　（明末清初）余怀；（清）珠泉居士；（清末民初）金嗣芬

27. 《建康古今记》　　　　　　　　　　　　　（清）顾炎武

28. 《随园食单·白门食谱·冶城蔬谱·续冶城蔬谱》

　　　　　（清）袁枚；（民国）张通之；（清末民初）龚乃保；（民国）王孝煃

29. 《钟山书院志》　　　　　　　　　　　　　（清）汤椿年

30. 《莫愁湖志》　　　　　　　　　　　　　　（清）马士图

31. 《金陵览胜诗考》　　　　　　　　　　　　（清）周宝偀

32. 《秣陵集》　　　　　　　　　　　　　　　（清）陈文述

33. 《摄山志》　　　　　　　　　　　　　　　（清）陈毅

34. 《抚夷日记》　　　　　　　　　　　　　　（清）张喜

35. 《白下琐言》　　　　　　　　　　　　　　（清）甘熙

36. 《灵谷禅林志》 （清）甘熙、谢元福，（民国）佚名

37. 《承恩寺缘起碑板录·律门祖庭汇志·扫叶楼集·金陵乌龙潭放生池古迹考》

（清）释鹰巢；（清末民初）释辅仁；（民国）潘宗鼎；（民国）检斋居士

38. 《教谕公稀龄撮记·可园备忘录·凤叟八十年经历图记》

（清）陈元恒，（清末民初）陈作霖；（清末民初）陈作霖，

（民国）陈祖同、陈诒绂；（清末民初）陈作仪

39—41. 《南京愚园文献十一种》 （清）胡恩燮，（民国）胡光国 等

《白下愚园集》 （清）胡恩燮等，（民国）胡光国

《白下愚园续集》 （清）张之洞等，（民国）胡光国

《白下愚园续集（补）》 （清）潘宗鼎等，（民国）胡光国

《愚园宴集诗》 （清）潘任等

《白下愚园题景七十咏》 （清）胡恩燮，（民国）胡光国

《愚园楹联》 （民国）胡光国

《白下愚园游记》 （民国）吴楚

《愚园题咏》 （民国）胡韵蕖

《愚园诗话》 （民国）胡光国

《愚园丛札》 佚名

《灌叟撮记》 （民国）胡光国

42. 《江宁府七县地形考略·上元江宁乡土合志》 （清末民初）陈作霖

43—44. 《金陵琐志九种》 （清末民初）陈作霖，（民国）陈诒绂

《运渎桥道小志》 （清末民初）陈作霖

《凤麓小志》 （清末民初）陈作霖

《东城志略》 （清末民初）陈作霖

《金陵物产风土志》	（清末民初）陈作霖
《南朝佛志寺》	（清末民初）孙文川, 陈作霖
《炳烛里谈》	（清末民初）陈作霖
《钟南淮北区域志》	（民国）陈诒绂
《石城山志》	（民国）陈诒绂
《金陵园墅志》	（民国）陈诒绂

45-46.《秦淮广纪》 （清）缪荃孙

47.《盋山志》 （清）顾云

48.《金陵关十年报告》 （清末民国）金陵关税务司

49.《金陵杂志·金陵杂志续集》 （清末民初）徐寿卿

50.《新京备乘》 （民国）陈迺勋, 杜福堃

51.《金陵岁时记·岁华忆语》 （民国）潘宗鼎；（民国）夏仁虎

52.《秦淮志》 （民国）夏仁虎

53.《雨花石子记》 （民国）王猩酋

54.《金陵胜迹志》 （民国）胡祥翰

55.《瞻园志》 （民国）胡祥翰

56.《陷京三月记》 （民国）蒋公縠

57.《总理陵园小志》 （民国）傅焕光

58.《金陵名胜写生集》 （民国）周玲荪

59.《丹凤街》 （民国）张恨水

60.《新都胜迹考》 （民国）周念行, 徐芳田

61.《金陵大报恩寺塔志》 （民国）张惠衣

62.《万石斋灵岩大理石谱》 （民国）张轮远

63.《明孝陵志》 （民国）王焕镳